Las manos de la madre

Massimo Recalcati

Las manos
de la madre

Deseo, fantasmas
y herencia de lo materno

Traducción de Carlos Gumpert

EDITORIAL ANAGRAMA
BARCELONA

Título de la edición original:
Le mani della madre
© Giangiacomo Feltrinelli Editore
Milán, 2015

Questo libro è stato tradotto grazie ad un contributo alla traduzione assegnato dal Ministero degli Affari Esteri italiano – Este libro se ha publicado con una subvención a la traducción concedida por el Ministerio de Asuntos Exteriores italiano.

Ilustración: fotos © Getty Images

Primera edición: marzo 2018

Diseño de la colección: Julio Vivas y Estudio A

© De la traducción, Carlos Gumpert, 2018

© EDITORIAL ANAGRAMA, S. A., 2018
    Pedró de la Creu, 58
    08034 Barcelona

ISBN: 978-84-339-6420-5
Depósito Legal: B. 4269-2018

Printed in Spain

Liberdúplex, S. L. U., ctra. BV 2249, km 7,4 - Polígono Torrentfondo
08791 Sant Llorenç d'Hortons

A todas las madres que he escuchado

Tú no estás más cerca de Dios que nosotros; todos estamos lejos. Pero tú tienes magníficas y benditas las manos. Nacen claras en ti del manto, luminoso contorno; yo soy el rocío, soy el día, pero tú, tú eres la planta.

RAINER MARIA RILKE,
Las manos de la madre

¿Se había dado cuenta usted de que los niños nacen sin pestañas? En el momento de la toma, en el cara a cara insistente, exclusivo, la madre espera, de día en día, en el tiempo infinito de hora en hora, que crezcan las pestañas sobre los ojos antes implumes de su neonato. ¿Cuánto pesa una pestaña? Tal vez lo mismo que el soplo de aliento que se emite para pronunciar un nombre. ¿Estaría pensando en esa unidad de peso su Lacan cuando hablaba del «interés particularizado» que impulsa las atenciones maternas?

ROBERTA ABBONDANZA,
carta personal

INTRODUCCIÓN

Benditas, escribe Rilke, sean las manos de la madre. Bendito el sostén que ofrecen al «rocío» y a los «días» de la vida. Bendita la «planta» de la madre y su memoria.

Presentando públicamente en las más dispares ocasiones (tanto en universidades como en festivales culturales, tanto en escuelas de psicoanálisis como en jornadas de formación de los partidos políticos, en teatros y plazas, en centros comunitarios y en centros religiosos) mis recientes obras sobre la figura paterna, sobre su declive y sobre la necesidad de su replanteamiento radical «desde la base»,[1] ocurre siempre, sin excepción, que en determinado momento del debate se levante una mano —de mujer por lo

---

1. Cito por orden de publicación: *Cosa resta del padre? La paternità nell'epoca ipermoderna*, Raffaello Cortina, Milán, 2011 [trad. esp.: *¿Qué queda del padre?*, trad. de Silvia Grases, Xoroi, Barcelona, 2016]; *Il complesso di Telemaco. Genitorie e figli dopo il tramonto del padre*, Feltrinelli, Milán, 2013 [trad. esp.: *El complejo de Telémaco. Padres e hijos tras el ocaso del progenitor*, trad. de Carlos Gumpert, Anagrama, Barcelona, 2014]; *Patria senza padri. Psicopatologia della politica italiana*, conversación con Christian Raimo, Minimum fax, Roma, 2013.

general– para hacerme la misma pregunta: «¿Y la madre? ¿Por qué no habla usted nunca de la madre, por qué descuida la importancia de la madre? ¿Qué queda de la madre en nuestro tiempo?»

Este libro toma muy en serio esa pregunta y aspira a proporcionar una primera respuesta articulada. En las páginas que siguen me concentro en la experiencia de la maternidad, en su herencia y en sus fantasmas, en sus luces y en sus sombras. Trato de interrogarme sobre el misterio de la maternidad y, más en concreto, sobre lo que queda de la madre en esta época de declive de su representación patriarcal.

En los últimos años me he dedicado a la figura del padre, a su evaporación y, sobre todo, a lo que queda de sus funciones en una época que ha dejado atrás la figura tristemente opresiva del padre-amo. Sin nostalgia de su autoridad disciplinaria, de su mirada severa ni de su atronadora voz. Contra quienes me han acusado de querer exhumar esta figura de la paternidad, siempre he aclamado y dado la bienvenida a esta época que ha visto su disolución. No siento añoranza alguna respecto a la fascinación oscura por la Ley inhumana del padre-amo.

Al elevar al padre a una especie de ideal disciplinario represivo, la cultura patriarcal nos legó y al mismo tiempo nos impuso una versión de la madre igualmente incómoda. Me refiero a la madre del sacrificio y de la abnegación, a la madre como destino ineluctable de la condición de mujer. La ideología patriarcal que hoy está exhalando sus últimos y, en ocasiones, desesperados suspiros pretendía reducir el ser de la mujer al de la madre. Solo la figura de la madre podía sancionar una versión socialmente aceptable, benéfica, positiva, saludable, generativa de la feminidad. En cambio, la mujer divorciada de la función materna aparecía como la encarnación de los fantasmas más malignos: maldad, pecado, lujuria, falta de fiabilidad, brujería, crueldad. Mientras que la mujer que se realizaba en la maternidad enmendaba los aspectos más inquietantes de la feminidad, la mujer que se negaba a limitarse únicamente a la maternidad, renunciando a su libertad, acarreaba el estigma de una anarquía peligrosa y antisocial que había de ser redimida con las herramientas de la moral pedagógica, la psiquiatría o la marginación social. En definitiva, según la perspectiva de la ideología patriarcal, solo el acceso a la maternidad podía conferir una forma de realización benéfica y públicamente aceptable a la mujer.

Se trata de una versión esquizoide y maniquea de la feminidad (madre=bien, mujer=mal), que constituye la espina dorsal de la representación patriarcal de la maternidad y que con toda razón ha sido criticada y superada. La libertad social y sexual adquirida por las mujeres en las últimas décadas ha subvertido, de hecho, tal representación. Hoy en día las mujeres trabajan, están socialmente comprometidas y, al igual que los hombres, tienen poco tiempo para dedicar a sus hijos. La organización social de nuestra vida no facilita, en efecto, la integración fructífera entre la mujer y la madre, sino, al contrario, favorece su divorcio. A causa de ello, han brotado nuevos fantasmas que introducen inéditas versiones patológicas de la maternidad; no ya la tradicional de la madre que devora su propio fruto, que no deja marcharse a su propia criatura, sino la hipermoderna de la madre que vive los hijos como un obstáculo para su afirmación social.

En nuestro tiempo, la maternidad no depende ya de la capacidad generativa ni del sexo de los progenitores. Algunas evidencias que regulaban el proceso de filiación –la generación proviene del coito, la sexualidad es la primera condición de la generación, la función paterna y materna están sostenidas, respectivamente, por una madre (mujer) y un padre (varón)– están saltando irreversiblemente por los aires. La ciencia y el derecho facilitan la posibilidad de tener un hijo sin pasar por la generación sexual de los cuerpos y prescinden del deseo de maternidad como evento que nace de un vínculo amoroso. Se ha consolidado una nueva industria –la de la reproducción asistida médicamente– que ha hecho que el deseo de maternidad se vuelva autónomo respecto al deseo amoroso hacia el otro sexo.

Se trata del trasfondo hipermoderno de este libro, que nos impone una serie inédita de preguntas: en un época en la que el coito ya no resulta necesario para la fecundación y los sexos de los padres no tienen por qué corresponder necesariamente con la heterosexualidad anatómica, en una época en la que el sexo se ha desprendido de las leyes de la naturaleza y ha sido colonizado por la ciencia, en una época en la que la noción neutra de progenitor (1 y 2) parece querer reemplazar a la de padre y madre, ¿sigue teniendo sentido plantearse el problema de la diferenciación simbólica entre función paterna y función materna? En una época en la que el deseo de maternidad se ha emancipado por completo de la referencia inmediata a la madre como progenitora, como la que trae a la luz del mundo a un hijo, ¿qué es lo que queda de la madre?

¿Qué queda cuando convertirse en madre deja de ser el destino natural de la mujer para pasar a ser una elección en libertad que decide sus tiempos gracias al apoyo de la ciencia y el derecho? ¿Cuando sexualidad y procreación no forman ya un binomio indisoluble?

Un hilo conductor recorre mi trabajo de los últimos años: el tema de la herencia. Este tema plantea con fuerza el problema de la humanización de la vida. Lo que está en juego son las modalidades mediante las que el deseo se transmite de una generación a otra. Es el gran tema de la filiación simbólica que nuestro tiempo nos obliga a replantearnos desde el momento en que se aprecia, con mayor evidencia cada vez, que el proceso de filiación no depende de la dimensión naturalista de la familia. Pero por más que no sea ya la familia la base natural de la filiación, este dato no elimina en absoluto la centralidad de la filiación simbólica, es más, acentúa ulteriormente, si eso fuera posible, su importancia.

Dos prejuicios especulares han condicionado la lectura psicoanalítica de la función materna. Por un lado, están aquellos que han identificado a la madre como la prisión en la que se halla detenido el niño y al padre como su liberador necesario. En esta identificación, la generatividad materna queda aplastada por una cultura que asimila a la madre con el caos original, con un lugar informe, prelingüístico, indiferenciado, que solo la intervención del padre tiene el poder de ordenar y reglamentar.[2] Por otro lado, están aquellos que atribuyen a la madre una función tan exclusiva en el cuidado de los hijos que corren el riesgo de acabar cayendo en un proceso retórico de idealización que no tenga debidamente en cuenta la necesidad de que el hijo sea siempre el resultado de Dos y nunca de Uno solo.

Contra el primer prejuicio, este libro quiere demostrar la centralidad activa de la función materna en el proceso

---

2. En su importante trabajo teórico, Silvia Vegetti Finzi reacciona con vehemencia ante este prejuicio, cuya genealogía mitológica, filosófica y social reconstruye con suma atención. Véase en particular S. Vegetti Finzi, *Il bambino della notte. Divenire donna, divenire madre*, Mondadori, Milán, 1990 [trad. esp.: *El niño de la noche. Hacerse mujer, hacerse madre*, trad. de Pepa Linares, Cátedra, Madrid, 1992].

de filiación y de humanización de la vida. Contra el segundo, quiere demostrar que la madre no excluye nunca la ambivalencia y su división interna, que la idealización de la madre «toda ella amor» acaba únicamente por alimentar estériles fantasmas de omnipotencia.

La madre que suprime a la mujer –como sucedía en la versión patriarcal de la maternidad– o la mujer que niega a la madre –como sucede en esta época hipermoderna– no son dos representaciones de la madre, sino dos declinaciones igualmente patológicas. Este libro se detendrá en todo ello, pero sin ninguna intención de reducir la maternidad a su patología. Las enseñanzas de Lacan nos demuestran que la existencia del deseo de la mujer como no totalmente absorbido en el de la madre es la condición esencial para que el deseo de la madre pueda ser generativo. Solo si la mirada de la madre no se concentra en sentido único en la existencia del hijo puede la maternidad realizar plenamente su función. Es lo que nos enseña cotidianamente el psicoanálisis: solo si la madre es «no-toda-madre» puede atesorar el niño experiencia de esa ausencia que hace posible su acceso al mundo de los símbolos y de la cultura.

La contradicción entre la entrega al cuidado y el impulso hacia la propia (y legítima) afirmación personal parece hacer hoy en día casi imposible el oficio de madre: la atención materna entra en conflicto directo con la aceleración maniática del tiempo, totalmente carente de atención, que es enseña de nuestra época dominada por el discurso del capitalista.[3] Los cuidados maternos, al contrario

3. Una narración rica y desternillante de esta «imposibilidad» que obliga a la madre contemporánea a estar perpetuamente en vilo entre la madre de los cuidados y la mujer que busca su propia y legítima afirmación personal se halla en E. Gualmini, *Le mamme ce la*

de lo que sucede en todas las esferas de nuestra vida individual y colectiva, nunca son anónimos, genéricos, protocolarios, estándares; nunca se insistirá lo suficiente acerca de la importancia de la atención materna que nunca es cuidado de *la* vida en general, sino siempre y únicamente cuidado de *una* vida en particular.

Estos cuidados no se miden por el número de horas dedicadas a los hijos. El psicoanálisis nos enseña que la presencia sin palabra y sin deseo puede ser bastante más dañina que una ausencia que sabe regalar sin embargo unas (pocas) palabras adecuadas. Lo que sigue siendo insustituible en la madre es el testimonio de que aún puede existir, en nuestro tiempo, una atención que no sea anónima, una atención que ame el detalle más particular del sujeto, una atención capaz de recibir el «rocío» que llega con la luz del día. No existe, en efecto, amor por la vida, al igual que no existe el amor por lo universal. Solo existe el amor por el uno por uno, el amor por el nombre propio, como diría Lacan. Y es precisamente ese amor el que la maternidad –a despecho de todas las transformaciones hipermodernas que han modificado su fenomenología– tiene el cometido de custodiar. Su lección más profunda es la de oponer la atención hacia lo particular como una resistencia irreductible ante la vorágine vertiginosa que impulsa la negligencia absoluta del discurso del capitalista.

Milán, febrero de 2015

---

fanno, Mondadori, Milán, 2014. Acerca de la condición contemporánea de la maternidad y sus contradicciones véase también C. De Gregorio, *Una madre lo sa. Tutte le ombre dell'amore perfetto,* Mondadori, Milán, 2008 [trad. esp.: *Una madre lo sabe,* trad. de Maite Larrauri, Tàndem, Valencia, 2011].

Deseo dar las gracias a Matthias de Bernardis y a Donatella Berasi de la editorial Feltrinelli por su valioso trabajo, y a Ludwig Monti, de la Comunidad de Bose, por su generosa amistad.

1. EL DESEO DE LA MADRE

Las manos

Un recuerdo muy lejano pero insistente. A veces me pregunto aún por qué no me ha abandonado nunca durante todos estos años, por qué no ha acabado yendo, como ocurre con muchos recuerdos, al limbo de esa memoria sin memoria que acompaña el discurrir ordinario de nuestras vidas.

Yo tenía nueve años. Mi madre y yo estábamos en nuestra vieja casa de Cernusco sul Naviglio, al este de la provincia de Milán, situada en la parte trasera de la floristería de mi padre y de sus hermanos. Mi madre y yo en el pequeño comedor, viendo la televisión. Una película para la televisión en blanco y negro inspirada en un episodio de la crónica de sucesos: una madre que sujeta durante horas con sus manos las manos de su hijo que, mientras jugaba en la terraza del último piso de un enorme edificio, acabó quedando colgado de la barandilla del balcón. Este es el recuerdo que no me ha abandonado durante todos estos años: una madre que sujeta con sus propias manos las manos de su hijo suspendido en el vacío.

La redacción de este libro me ha impulsado a volver a ver esa película, además de para cerciorarme de la fiabilidad de mi memoria. ¿Habría sido una alucinación? ¿Habría estado custodiando en mí un recuerdo inexistente o, como explica el psicoanálisis, un «recuerdo pantalla»? Nuestras indagaciones me tranquilizan: la película existe realmente en los archivos misteriosos de la RAI, la televisión italiana, y se titula efectivamente *La madre di Torino,* su director es Gianni Bongioanni, su año de producción, 1968.

Al volver a verla no puedo dejar de notar las alteraciones operadas por mi memoria: la escena tiene lugar en Turín, en corso Peschiera, esquina con corso Francia, en un edificio de un barrio residencial (¿por qué en mi recuerdo era un edificio de un barrio popular y deteriorado?); la madre era una mujer hermosa y elegante (¿por qué yo, en cambio, la recordaba tan anciana?). La trama sí que es, en sus líneas esenciales, tal como la recordaba: un niño de unos cuatro o cinco años, es decir, en edad preescolar (¿por qué lo recuerdo caminando con pasos inseguros, como si tuviera menos de dos?), mientras juega a disparar contra un avión que pasa por el cielo, cae al vacío desde el último piso del enorme edificio, quedando milagrosamente colgado de los barrotes de la barandilla. La madre, al percatarse de su ausencia, lo socorre de inmediato agarrándolo firmemente con las manos.

Resultan vanos todos sus intentos de atraer la atención de los transeúntes. El ruido de los coches y de la vida cotidiana de la calle que prosigue indiferente apaga los gritos de la madre, mientras el tiempo va pasando inexorable y las manos de la mujer, ya debilitadas por el esfuerzo prolongado, parecen a punto de soltar las de su hijo.

Los dos aparecen aislados del resto del mundo; unidos el uno al otro, sin esperanza (¿por qué recuerdo la auténtica desesperación del hijo y de la madre, cuando la actuación de los actores es inexpresiva, carente de autenticidad, hasta el punto de que, viéndola de nuevo hoy, da la impresión de estar rozando la farsa?). Al final, un camarero vuelve los ojos casualmente hacia arriba, cruzando su mirada con el cuerpo del niño que cuelga en el vacío, y da la alarma a los transeúntes y a los bomberos. Recordaba correctamente incluso el final feliz: la madre y el hijo son salvados por el valeroso gesto del trabajador de un taller cercano a la casa, que se anticipa al rescate de los bomberos y hace innecesarios las torpes tentativas de socorro de la gente del barrio. Es el momento —lo recordaba perfectamente también— en el que la madre se derrumba lentamente en el suelo, acariciándose las manos ya rígidas por el esfuerzo. ¿Cuánto tiempo había pasado? ¿Un día entero? ¿Durante cuánto tiempo las manos de aquella madre habían mantenido con vida a su hijo? (¿Por qué era en mi recuerdo un tiempo que no acababa nunca?)

Seguía siendo válida la pregunta inicial: ¿qué justificaba la persistencia obstinada, en mi memoria y en sus distorsiones, de un recuerdo semejante? La proximidad (relativa) de mi edad con la del niño y el carácter caprichoso de este último, ¿favorecieron acaso una identificación proyectiva? ¿Me sentía tal vez un niño suspendido en el vacío que hubiera querido ser aferrado por las manos de su madre? La pareja madre-niño de la película ¿era un desdoblamiento de la que formábamos mi madre y yo mientras veíamos la película? Más radicalmente, hoy puedo pensar que en esa escena la madre es una presencia capaz de aliviar la angustia, de sustraer la vida al abandono absoluto al que ha sido arrojada.

¿Por qué no he olvidado nunca a la madre de Turín? Trato de contestarme pensando en primer lugar que me he sentido muy a menudo suspendido en el vacío como le sucedió a ese niño y muchas veces llamé para que me sostuvieran, en la soledad de ese vacío, a las manos de quienes amaba. ¿No es esta acaso la condición más radical de la vida humana? ¿Es que la vida no viene a la vida sujetándose, agarrándose, confiándose siempre a las manos del Otro? ¿No es acaso «madre» el nombre que define las manos de ese primer Otro que cada uno de nosotros invoca en el silencio de su vacío? ¿Nacer no es siempre ser recibido por las manos del Otro? ¿No es esta acaso la razón que llevó a Freud a identificar en la figura del «socorredor» el primer rostro de la madre?[1]

La madre de Turín no fue más que un episodio de la crónica de sucesos entre otros muchos destinado a ser olvidado. ¿Cómo se llamaban esa madre y su hijo? No lo recuerdo ni siquiera ahora, después de haber vuelto a ver la película hace poco, aunque dudo de que tuvieran nombre. Eran tan solo una madre y un hijo. No era más que un hijo sin nombre aferrado a las manos de una madre sin nombre. Al igual que ocurre con el padre y el hijo de *La carretera* de Cormac McCarthy: también ellos carentes de nombre propio. Solo manos que retienen otras manos, manos entrelazadas con otras manos, y a su alrededor el vacío, la nada, el sinsentido, el cuerpo de un niño colgando sobre el abismo, el cuerpo de un niño que quiere ser protegido de la noche fría y oscura.

Eso es, me digo hoy, lo que no pasa, lo que para mí se ha revelado como auténticamente inolvidable, lo que en

---

1. Véase S. Freud, *Progetto di una psicologia,* en *Opere,* ed. de C. L. Musatti, Boringhieri, Turín, 1982, vol. II, p. 223 [trad. esp.: *Proyecto de psicología,* en *Obras completas,* tomo I, trad. de José L. Etcheverry, Amorrortu, Buenos Aires, 1979].

estas imágenes se reitera: las manos de la madre de Turín aferran las de su hijo colgando en el vacío. Es una metáfora del Otro que responde al grito de la vida no dejándola caer en la insignificancia, sino ofreciéndole un sostén sin el cual se precipitaría en el vacío. Eso es lo que la madre de Turín grabó indeleblemente en mí y lo que hoy recupero: la resistencia silenciosa, el ofrecimiento de las propias manos desnudas, la obstinación en no dejar a la vida sola y sin esperanza, el regalo de una presencia que no se desvanece. Es la «planta» de la madre que acoge, en palabras de Rilke, el «rocío» y la llegada del día.

¿No son acaso las manos el primer rostro de la madre? ¿No fueron acaso las manos de mi madre las que acariciaron mi cuerpo sembrándolo de letras, de recuerdos, de señales, arándolo como si fuera tierra? ¿Cuánto pueden contar para un niño las manos de una madre? Por eso, entre otras razones, esa imagen de la maternidad nunca me ha abandonado y se ha vuelto indeleble.

En la descripción freudiana del Otro materno como primer «socorredor» en el arranque traumático de la vida, podemos localizar una primera definición de la madre como ese Otro «más próximo» que sabe responder a la llamada de los gritos de la vida. Si la vida humana viene a la vida, como explican Freud y Lacan, en una condición de «prematuración», «impreparación», «fragmentación», «indefensión», «abandono absoluto», en una condición de insuficiencia, de vulnerabilidad, de exposición al sinsentido de lo real, se hacen necesarias, por encima de todo, las manos del Otro –la presencia del Otro– para preservar esa vida, para protegerla, para sustraerla a la posibilidad de la caída.

Las manos de la madre de Turín no son manos que sancionan, castigan, humillan, no son las manos de la ira y de la violencia, no son las manos que golpean y que podemos recordar en nuestras cicatrices de hijos. Son manos desnudas, manos tendidas hacia otras manos, manos que sostienen la vida en el abismo de lo que carece de fondo. La vida, en cuanto vida humana, siente la necesidad de encontrar estas manos, las manos desnudas de la madre, las manos que salvan del precipicio de la falta de sentido. ¿No era eso lo que mi mirada de niño, sentado junto a su madre, veía proyectado en la pantalla de la televisión en blanco y negro? Ese sigue siendo para mí el primer rostro de la maternidad destinada a resistir a los cambios de los tiempos y a todas las transformaciones de la familia que están arrollando nuestra época.

Si hoy la maternidad no coincide ya con la capacidad generativa o con la experiencia real de la gestación, sino que, gracias al poder de la ciencia, se ha extendido a otras formas posibles que prescinden del coito y de la realidad del sexo, las manos de la madre de Turín nos recuerdan una función esencial de la maternidad que ningún cambio histórico podrá eliminar jamás: la madre es el nombre del Otro que no deja que la vida caiga al vacío, que la sujeta con sus propias manos impidiendo su caída; es el nombre del primer «socorredor».

Se trata de un punto crucial en este libro: lo que aquí llamo «madre» no se corresponde necesariamente con la madre real entendida como la progenitora biológica del hijo. Ya para Freud, «madre» es el nombre de la primera figura del Otro que está a cargo de una vida humana que reconoce como criatura suya. Eso significa que la «madre», al igual que el «padre», son figuras que trascienden el sexo, la sangre, la estirpe y la biología.[2] «Madre» es el nombre

2. Es un tema que he desarrollado ampliamente en M. Recalcati, *Cosa resta del padre?*, op. cit., y en *El complejo de Telémaco*, op. cit.

del Otro que tiende sus manos desnudas a la vida que viene al mundo, a la vida que, al venir al mundo, invoca el sentido.

La espera

La maternidad es una gran figura de la espera. Esa es otra lección que podemos extraer de la madre de Turín: esperar, no dejarse derrotar por el tiempo, resistir, sin que nos queme la impaciencia. Si se escucha a las madres –lo que a los psicoanalistas les ocurre con frecuencia–, la figura de la espera ocupa una posición central en sus razonamientos. En particular, el embarazo. ¿No se trata acaso de una forma de espera muy especial? Esperar a que el niño germine y salga a la luz de mundo. Pero la espera de una madre no se parece a ninguna otra forma de espera. No se trata de esperar algo concreto: un tren o un aniversario, un concierto o un contrato. La maternidad es una experiencia radical de la espera porque nos enseña que la espera nunca es dueña de lo que aguarda. Toda auténtica espera está, en efecto, recorrida por una incógnita: nunca se sabe qué o a quién se espera, nunca se sabe cómo será el momento del fin de la espera. La espera trastorna lo ya conocido, lo ya sabido, lo ya visto, suspendiendo cualquier ideal de dominio que tengamos. Una porción de incertidumbre recorre siempre la espera del Otro aun cuando creamos conocerlo bien: ¿seguirá siendo ese Otro que conozco, que creo conocer, que he aprendido a reconocer?

La de la madre no es la simple espera de un acontecimiento que puede acaecer en el mundo, sino de algo que, por más que ella lo lleve consigo, en su interior, en sí misma, en su propio vientre, en sus propias entrañas, se nos aparece como un principio de alteridad que hace posible *otro mundo*. La espera es una profundísima figura de la maternidad porque revela que el hijo viene al mundo como una trascendencia incalculable, imposible de anticipar, destinada a modificar la faz del mundo.

Ocurre lo mismo en el amor, cuando estamos a la espera, cuando esperamos sin cesar a quien echamos de menos, a quien amamos, pese a conocer bien su cuerpo y su nombre. En el amor, siempre, aquel a quien amamos conserva una porción —imposible de alcanzar— de alteridad que coincide con su libertad más propia. En el amor, como en la maternidad, atesoramos la experiencia de una inmanencia y de una trascendencia unidas entre sí. Por eso la espera constituye la columna vertebral del discurso amoroso. «La espera es un encantamiento: recibí *la orden de no moverme»,* escribió Roland Barthes. «La identidad fatal del enamorado no es otra cosa más que esta: *yo soy el que espera.»*[3] En el embarazo, sin embargo, el esperado, aquel a quien se espera, quien debe venir a nosotros, quien viene al mundo, no es aún realmente de este mundo. Su cuerpo —el cuerpo del hijo—, a pesar de estar contenido en el cuerpo de la madre, en el embarazo todavía está fuera del mundo.

Es una paradoja de la maternidad: en la espera del embarazo, el niño solo puede estar en el mundo a través de la madre, pero aún no está en el mundo como sujeto. La madre espera a quien ya lleva consigo, sin saber quién es y sin saber cómo es, sin haberlo visto nunca.

3. R. Barthes, *Frammenti di un discorso amoroso*, Einaudi, Turín, 1979, pp. 41 y 42 [trad. esp.: *Fragmentos de un discurso amoroso*, trad. de Eduardo Molina, Siglo XXI, México, 1982, p. 92].

La espera de la madre es una espera sin precedentes que ni siquiera las máquinas de la ciencia pueden reducir: el encuentro con un hijo es un encuentro con un absoluto que es incomparable, que no puede ser confundido con nadie más; existencia irrepetible que no encuentra analogía alguna de sí misma en el mundo, trascendencia, vida nueva, vida que viene al mundo como algo insustituible, inimitable, combinación singular de necesidad y libertad, irreproducible, perpetua y radicalmente vida de un «hijo único».[4]

La madre vive en la espera —en la paciencia de la espera— custodiando su fruto, desconocido para ella misma. Una división interna que no atañe al padre, que solo puede observar desde el exterior, testificar desde fuera, desde otro lugar, lo que sucede en el cuerpo de la mujer. Solo la madre puede atesorar la experiencia de una *proximidad absolutamente ajena,* de una trascendencia y de una inmanencia absoluta. La vida que alberga —antes incluso de su concepción— en las fantasías y en los sueños es otra vida, una vida distinta, una vida que, aunque provenga de su carne y de su sangre, se muestra como hecha de otra carne y de otra sangre.

La espera de la madre es aquello que esquiva, por principio, toda descripción meramente biológica de la vida. La maternidad no es un hecho de la naturaleza, sino su desorden. En eso insisten, cada uno a su manera, tanto el psicoanálisis como el magisterio bíblico. No es casuali-

---

4. «El hijo es hijo único. No numéricamente: cada hijo [...] es hijo único, hijo elegido», E. Lévinas, *Totalità e infinito. Saggio sull'esteriorità,* Jaca Book, Milán, 1980, p. 288 [trad. esp.: *Totalidad e infinito: ensayo sobre la exterioridad,* trad. de Miguel García-Baró, Sígueme, Salamanca, 2016, 3.ª ed., p. 315].

dad que las matriarcas narradas en el Antiguo Testamento –Sara, Rebeca, Raquel– sean figuras, desde el restringido punto de vista de la naturaleza por lo menos, de madres estériles. La lección sobre la maternidad que se extrae de las matriarcas es que la maternidad no es solo un acontecimiento que atañe el cuerpo, sino un «ir hacia» una apertura. Ser madres no significa cultivar lo «propio», sino abrirse al Otro. Para el texto bíblico, la maternidad no es en absoluto una experiencia determinada por las leyes de la naturaleza, sino que representa su fractura, desmembración, subversión. Traer al mundo a los hijos nunca se verifica como un hecho natural. La esterilidad solo puede ser superada por un evento que interrumpe el orden necesario de la naturaleza. Isaac cobra vida al nacer de un cuerpo –el de Sara, una mujer anciana ya– que, de acuerdo con las leyes de la naturaleza, no hubiera podido en modo alguno alojarlo. Un profundo hiato se abre de par en par entre la Ley de la naturaleza y una Ley de orden muy distinto de la que depende la posibilidad de la maternidad: Sara, Rebeca y Raquel se convierten en madres gracias a una Ley que quebranta la Ley de la naturaleza y que concierne al encuentro con una palabra –la de Dios– que desplaza el problema del acceso a la maternidad del ámbito de la naturaleza al del deseo.[5]

5. Tampoco los primogénitos están destinados por la naturaleza a la sucesión del padre, no son los herederos adecuados. La elección del segundo hijo indica cómo, también en este caso, la naturaleza ha de dejar paso a otro razonamiento. Aquellos que vienen detrás y que carecen en apariencia de derechos adquieren simbólicamente todos los derechos. Basta con pensar en la parábola del hijo pródigo, según Lucas, o, entre otros innumerables ejemplos posibles, en el de Rebeca, mujer de Isaac, y en sus hijos Esaú, el primogénito idólatra, y Jacob, el hijo puro. Rebeca, la madre, no puede perdonar a su hijo

28

Es ese el misterio, fisiológico incluso, de la maternidad: el embrión señalado como ajeno por el cuerpo de la madre no provoca las consabidas respuestas inmunológicas; la agresividad defensiva del sistema inmunitario no se activa, sino que retrocede; el dominio del Yo deja espacio a la posibilidad de otra vida, se debilita, retrocede misteriosamente, es trascendido. El texto bíblico y el psicoanálisis insisten en la heterogeneidad que aleja la vida humana de la vida absorbida en su inmediatez natural. El acceso a la maternidad no se produce a través de los cuerpos, sino a través de la palabra; se hace necesaria la intervención de otro orden, de un Tercer orden. Es la oración, como forma más radical de la palabra, como invocación del Otro, lo que hace que sea posible, por ejemplo, el embarazo de Rebeca. La gracia de Dios actúa desquiciando anárquicamente el orden del mundo, insertando en ese orden una interrupción, una incongruencia, un excedente imposible. Las Leyes de la naturaleza sufren un desarreglo inaudito a causa de la Ley de Dios. Se trata de hacer posible algo que la naturaleza niega como posibilidad, algo que va más allá

(Esaú) que malgaste su vida y lo aleja inflexiblemente de ella. La Ley de la naturaleza, en este caso, viene doblemente subvertida: mientras que Esaú, el primogénito, carece de fe y malgasta su vida en la idolatría pagana, le corresponde a Jacob, el segundo hijo, el relanzamiento de la promesa. Rebeca rechaza el amor al hijo que no sabe reconocer la deuda simbólica; no se doblega ante su impetuosidad iracunda, se sustrae al drama de muchas madres que acaban siendo devoradas por sus hijos porque no son capaces de apartarlos de ellas, degradándose así en una fusión mortífera y chantajista. Pero ¿puede una madre –tal como hace Rebeca– apartar de sí a su propio hijo? ¿Puede llegar a considerarlo indigno de su amor? Mi referencia fundamental para la lectura de las matriarcas es C. Chalier, *Le Matriarche. Sara, Rebecca, Rachele e Lea,* Giuntina, Florencia, 2002.

de la repetición de lo Mismo; se trata de acoger la potencia auténticamente generativa de la palabra.

Toda madre conoce a la perfección el misterio de una inmanencia absoluta que es indicio de una absoluta trascendencia: el hijo vive en mis entrañas, habita mi vientre, se alimenta de mi sangre, flota y se hunde en los líquidos de mi cuerpo, y sin embargo me es desconocido, ajeno, incomprensible. Es mío, lo llevo en mi cuerpo, pero está ya fuera de mí, es autónomo, vive con otra vida, es ya fuerza que empuja hacia la diferencia. La espera de la madre siempre es apertura hacia el misterio de una vida que viene y que no puede ser contenida. Ninguna espera puede dominar jamás el acontecimiento al que esta se abre. Por eso asimilaba Lacan la espera a la vigilia y a la plegaria como figuras extremas y fundamentales del deseo.[6]

La espera de la madre es una espera densa de pensamientos y de fantasmas. Es otra de las razones por las que la gestación humana nunca es animal, puesto que implica una interferencia siempre activa del inconsciente; el niño se alimenta del cuerpo materno y de sus líquidos tanto como de sus pensamientos y de sus fantasmas.

Para que el útero de la madre puede albergar la vida que viene al mundo, es necesario que exista en él un deseo por parte de la madre de brindar esa hospitalidad. En un caso comentado por Lacan, una madre esquizofrénica siente a su propio hijo, durante todo el periodo del embarazo, como un objeto muerto, un cuerpo extraño, inerte, un cuer-

---

6. Véase J. Lacan, *Il seminario. Libro V. Le formazioni dell'inconscio (1957-1958)*, Einaudi, Turín, 2004, p. 178 [trad. esp.: *El seminario, 5: Las formaciones del inconsciente*, Paidós, Buenos Aires, 1999]. He comentado este pasaje fundamental en M. Recalcati, *Ritratti del desiderio*, Raffaello Cortina, Milán, 2012, pp. 113-126.

po que hay que expulsar. La propia vida del hijo resulta fatalmente socavada por ello; ningún Otro socorredor que le atienda, ninguna mano dispuesta a darle la bienvenida, ningún deseo que lo aguarde. Pero esa misma extrañeza de la presencia del hijo en el cuerpo de la madre —extrañeza que en una madre psicótica puede provocar indiferencia o rechazo de la vida— se eleva en cambio a la dimensión de la alegría en la experiencia positiva de la maternidad. La extrañeza del hijo en el regazo es el signo de una trascendencia que se anuncia, es indicio de una vida propia que la madre no posee sino que alberga. Más en concreto, si la extrañeza del cuerpo del niño no suscita angustia sino alegría es porque su vida es esperada por el deseo de la madre. Sin esta espera, la vida corre el riesgo de ser expulsada de la vida, de llegar a la vida como desprovista de sentido, como cuerpo extraño. Es la espera de la madre la que prepara su lugar en el mundo a quien está ya en el mundo sin estarlo aún. No ha nacido todavía el hijo, y ya se decide su nombre, se le prepara la habitación y la cuna donde se le colocará. La espera es una interpretación de la ausencia del hijo, aún custodiado en el útero, a la luz del deseo. Se trata de una auténtica vigilia. Lo contrario a la agitación atareada que impulsa nuestro estar en el mundo cotidiano.

La espera de la madre no se agota, sin embargo, con el parto ni con el encuentro real con el hijo. Una madre vive infinitas veces la experiencia de la espera: desde la espera de las pestañas que en las primeras semanas de vida van dibujándose poco a poco en la cara de su hijo hasta la de la palabra que, con la misma lentitud, fluye a través de sus primeros balbuceos.

Si, por lo general, las mujeres conocen mejor el secreto de la espera y saben vivirla con mayor gracia que los hombres, es porque han atesorado experiencia de la maternidad. Saben lo que significa esperar el crecimiento de una vida, seguir sus primeros pasos, alimentarla, atenderla, cuidarla. Saben que la espera como signo de amor debe suspender toda espera. Un cuerpo crece en otro cuerpo, se expande, adquiere sus propias formas, se diferencia revelando su trascendencia. Es una de las mayores lecciones de la maternidad: la vida no puede autogenerarse, no se constituye por sí misma, sino que precisa de un Otro que, atendiéndola, la traiga a la luz del mundo. Por eso describía Lévinas la experiencia de la generación como la de una rotura irreversible del Uno, como la de su desintegración originaria.[7]

El nacimiento de un niño no es solo la llegada al mundo de alguien a quien esperábamos ver la cara, de alguien que esperábamos acoger en nuestros brazos. Junto a la vida del hijo viene de nuevo a la vida el mundo también. La espera de la mujer abre la posibilidad de que salga a la luz otro mundo que encuentra su expresión encarnada en la vida nueva de su hijo. En este sentido, el regalo de la vida es un don que hace que el mundo vuelva a empezar. Entre el mundo de antes y el mundo de ahora ha tenido lugar el nacimiento del hijo y este nacimiento no solo ha cambiado la vida de una pareja, de una madre y de un padre, sino la propia faz del mundo, ha vuelto a poner en marcha el mundo. Indudablemente, el mundo sigue siendo, por un lado, el mismo de antes, pero por otro lado ya no podrá volver a ser el de antes.

7. E. Lévinas, *Totalità e infinito*, op. cit., pp. 283-289. Sobre la cuestión específica de la maternidad como ruptura del Uno, véanse las extraordinarias páginas de Erri De Luca, *Il contrario di uno*, Feltrinelli, Milán, 2003 [trad. esp.: *El contrario de uno*, trad. de Carlos Gumpert, Siruela, Madrid, 2005].

Es el milagro de la generación como corte irreversible en el discurrir del tiempo, como transformación sin retorno de la faz del mundo. Si una madre es quien da inicio a la vida, también es la que hace posible la vida de otro mundo. La venida a la luz del hijo no significa, por lo tanto, su mera instalación en un mundo que ya existía antes, sino que supone hacer que exista de nuevo el mundo, hacer que exista otra vez, una vez más, el mundo. Algo que se produce también en la contingencia del encuentro de amor: cada nuevo (amor) que nace genera a su vez un nuevo mundo. El mundo del Uno se ve dominado por el mundo del Dos, dado que es siempre un acontecimiento del Dos y nunca del Uno; es siempre una experiencia radicalmente plural.[8] Por eso todos nacemos en la oscuridad, ciegos, privados de la luz del mundo; esperando la luz que proviene de la palabra del Otro, desde el «exterior» del vientre materno. Dar a luz a un hijo, llevarlo en las entrañas, alimentarlo con el propio cuerpo supone ya desde el principio perderlo, reconocerlo como pura trascendencia, generarlo como una alteridad. No acabamos nunca de nacer, no acabamos nunca de volver a empezar porque renacemos infinitas veces, porque infinitas veces podemos vivir la experiencia de la liberación de la oscuridad de la noche ciega del Uno.[9] Si el nacimiento no es la experien-

8. A. Badiou, *Elogio dell'amore*, Neri Pozza, Vicenza, 2013 [trad. esp.: *Elogio del amor*, trad. de J. M.ª Solé, La Esfera de los Libros, Madrid, 2011].

9. Lo que vuelve humana la vida no es solo su destino mortal, sino también el hecho de que viene al mundo a través de una concepción irrepetible. Es la objeción que le plantea Hannah Arendt a Heidegger cuando afirma que los seres humanos no han sido hechos para morir, sino para «comenzar» («Los hombres, aunque han de morir, no han nacido para eso, sino para comenzar»). Véase H. Arendt, *Vita*

cia del cumplimiento de la espera, sino su relanzamiento, ello es porque la madre se topa en ese acontecimiento con la dimensión irreversible de la pérdida: nunca podrá reintegrar el fruto salido *de* su cuerpo otra vez *en* su cuerpo. Por esta razón profunda la «hospitalidad sin propiedad» es lo que define a la madre, así como la «responsabilidad sin propiedad» es lo que define al padre.[10] Es más, en toda madre lo «suficientemente buena» –como diría Winnicott– la pérdida del hijo, su separación, se contempla desde el principio como la manifestación más intensa de su trascendencia. Esto significa que el secuestro arbitrario del hijo como «propio» no define en absoluto la maternidad, no atañe al deseo simbólico de la madre, sino solo a su declinación patológica, a su más terrible aberración. En efecto, por mucho que a la madre se le haya conferido un poder absoluto sobre el hijo, es ella misma la que actúa para que el hijo, mientras no deja de ser atendido, pueda ganarse su autonomía. Es la madre –su disposición a la espera– la primera forma de sublimación de la madre: no es necesario invocar al padre como aquel que libera al hijo de su abrazo sofocante –como sostienen las doctrinas más clásicas del psicoanálisis–, porque existe una sublimación materna que anticipa, por así decirlo, la paterna. Es la propia madre –la madre del deseo– la que se opone a la madre –la madre del goce– que querría apropiarse de su hijo como si fuera un objeto.

---

activa. *La condizione umana*, Bompiani, Milán, 2003, p. 182 [trad. esp.: *La condición humana*, trad. de Ramón Gil Novales, Paidós, Barcelona, 2016, p. 265].

10. En mis obras más recientes he propuesto esta definición de la paternidad. Véase M. Recalcati, *¿Qué queda del padre?*, *op. cit.*, y *El complejo de Telémaco, op. cit.*

No es, por lo tanto, la autoridad del padre la que debe educar a la madre para que se separe de su fruto —no es solo el padre el nombre de la sublimación de la Cosa materna—, sino que el deseo de la madre actúa ya en esa dirección. Este es todo el valor que debemos atribuir a la figura de la espera: después de haber custodiado y protegido la vida del niño, la madre se afana para entregarlo al mundo. Espera a que las pestañas de su hijo crezcan, a que su cuerpo se fortalezca, a que su pensamiento se desarrolle, a que su deseo se pronuncie. Retrocede, reduce su demanda, deja que su hijo atesore experiencia del mundo ampliando su propio horizonte, franqueando el recinto cerrado de lo familiar. Deja que el deseo de la madre prevalezca sobre el goce de la madre. Es lo que Silvia Vegetti Finzi ve admirablemente retratado en la escena de la madre «inclinada sobre el niño» mientras le ayuda a dar sus primeros pasos: «Al tiempo que lo cubre arqueando el cuerpo y lo sostiene por los frágiles bracitos, guía los pasos que lo separan de ella y lo encaminan hacia el mundo.»[11]

La figura de la espera no puede ser separada de la de la paciencia. La función materna se expresa principalmente a través del regalo del tiempo. Este es el núcleo, el centro de la sublimación materna. ¿Qué significa regalar el tiempo? Significa esperar sin exigir, sin preguntar, sin anticipar. La paciencia como regalo del tiempo recorre el embarazo y prosigue en la atención al hijo hasta el reconocimiento de su libertad. Los cuidados maternos no serían posibles, de hecho, sin la paciencia como elevada forma de respeto hacia las particularidades más particulares del sujeto. Si la trascendencia del hijo encarna la descentralización de la ma-

11. S. Vegetti Finzi, *Il bambino della notte, op. cit.,* p. 254 [trad. esp., p. 257].

dre de todo espejismo –inconsciente o consciente– de propiedad, la paciencia, como figura de la espera, libera al hijo del riesgo de una presencia sofocante de la demanda de la madre. La paciencia materna se sostiene gracias a un cupo necesario de fe en relación con el hijo; mientras que el alarmismo angustiado, la preocupación desbordante de algunas madres revela por el contrario una impaciencia que pone en evidencia su falta de fe en relación con el hijo. Esta preocupación excesiva puede surgir del hecho de que la madre proyecte sobre su hijo la maldición materna de su linaje, del que se alimenta su propio fantasma inconsciente. Una madre anoréxica, por ejemplo, verificaba de forma espasmódica la calidad de la succión de su hija porque temía que no bastase para alimentarla. Era una angustia que reflejaba la convicción inconsciente de no tener leche lo suficientemente buena que dar, es decir, de no «valer nada». Efecto del juicio materno que siempre la había juzgado «incapaz» e «insignificante». Pero reflejaba también el terror a que su hija pudiera emprender el camino atroz del rechazo del alimento, que –en su primera infancia– había recorrido la propia paciente.[12]

Es una verdad elemental que nos enseña la clínica psicoanalítica: niños nacidos de los mismos padres pueden ser profundamente diferentes en la medida en que corres-

12. También en la reciente película de Saverio Costanzo, *Hungry Hearts* (2014), puede observarse cómo los fantasmas maternos condicionan en gran medida el deseo de la madre hasta el punto de hacerlo imposible. En este caso, la madre proyecta sobre su hijo la angustia que la recorre a ella misma sin filtro simbólico alguno. La maternidad no es vivida como alegría, sino como una amenaza para su propia integridad narcisista. No por casualidad será otra madre –la de su compañero– la que tenga que intervenir matándola para liberar al niño de su abrazo mortífero.

pondan más o manos –en su sexo, en sus rasgos, en el momento de su nacimiento, en sus actitudes o en sus síntomas– a las expectativas fantasmáticas de sus padres y, sobre todo, de su madre. Tampoco en este sentido es nunca la maternidad un mero hecho biológico, sino por encima de todo un evento del deseo. Surge desde el inconsciente como una ofrenda alimentándose de los sueños, las expectativas y los fantasmas de todas las madres. Pero sostener el deseo de la madre en la vertiente del sueño y del fantasma no es lo mismo que hacerlo sobre la base ilusoriamente sólida del llamado «instinto maternal». Como Freud y Lacan han señalado en distintas ocasiones, el ser humano carece de un programa instintivo capaz de orientar su existencia en el mundo. Es precisamente encaramándose a este defecto como adquiere forma el programa del inconsciente. Sin sueños, la maternidad quedaría aplastada por la maquinaria del cuerpo como una máquina impersonal de reproducción de la especie. Por el contrario, es precisamente el sueño lo que constituye la condición ineludible para una maternidad auténticamente generativa. Es el sueño de la madre lo que permite aceptar a una mujer un cuerpo que a causa del embarazo debe modificar sus formas y aparecer menos atractiva, anormal, deforme incluso. Solo si el sueño acompaña el embarazo podrán ser vividas esas transformaciones con satisfacción y no como una alteración intolerable y desestabilizadora de la imagen del Yo. En caso contrario, prevalecerán fantasías de ataque al cuerpo, de extrañeza, vivencias de despersonalización. La espera impuesta por la gestación, por lo tanto, no es solo un proceso fisiológico sino también mental: el niño se alimenta del pensamiento de la madre y de sus fantasmas.

El rostro es otra figura esencial de la madre. Solo gracias al rostro de la madre puede el pequeño hombrecillo reflejarse, puede ver su propio rostro, puede reconocer su propia identidad. El rostro de la madre funciona como un primer espejo capaz de revelar la naturaleza irreductiblemente dialéctica del proceso de humanización de la vida. Solo a través del rostro del Otro puedo encontrarme con mi propio rostro, solo gracias a la presencia del Otro puedo constituir mi vida. Es la gran enseñanza de la dialéctica amo-esclavo de Hegel, que Lacan retoma a su manera, ilustrando cómo el deseo del hombre es perpetua y necesariamente deseo del Otro, deseo de ser reconocido por otro deseo, deseo de deseo, deseo del deseo del Otro. El rostro de la madre encarna el momento primario del reconocimiento: al explorar ese rostro, el niño atesora experiencia del suyo propio.

La teoría lacaniana del estadio del espejo ilustra a la perfección cómo el Yo solo puede constituirse reconociendo su propia imagen, que el espejo le ofrece bajo forma de Otro. Con el fin de reconocerse como sujeto diferenciado, debe verse reflejado en una imagen de sí mismo que solo el Otro puede devolverle. Es un fenómeno que ya se observa en los primeros meses de vida: el niño responde con alegría ante la aparición de su propia imagen en la superficie plana del espejo. Lacan lo describe como un «jubiloso ajetreo» para resaltar el entusiasmo experimentado por el pequeño cuando por fin puede verse reflejado por primera vez en el espejo, reconociéndose como una identidad separada de la madre, lo que puede permitirle pensar: «Yo soy eso.»[13]

13. Véase J. Lacan, «Lo stadio dello specchio come formatore della funzione dell'io», en *Scritti*, ed. de G. B. Contri, Einaudi, Tu-

Algunos experimentos de psicología evolutiva han demostrado claramente la dependencia del niño respecto al rostro materno. Si una madre recibe la consigna de no reaccionar ante las exploraciones y las señales emotivas con las que su pequeño entra en relación con su rostro, después de cierta perplejidad y cierta decepción, el niño comenzará a manifestar auténticos estados de angustia. No puede soportar la falta de respuestas, la impasibilidad del rostro de su madre. Del mismo modo, si un pequeño que todavía se mueva gateando tropieza con una falsa señal como la de una parte acristalada del pavimento que parece señalar un barranco por el que podría correr el riesgo de precipitarse, su reacción –detenerse atemorizado o continuar seguro– dependerá de cómo la madre, al mirarlo, le señale la presencia o ausencia de un peligro real. También en esa circunstancia la acción del niño se nos aparece como suspendida de las expresiones del rostro de su madre. De ese rostro puede brotar un salvoconducto o una admonición preocupada que puede frenar la acción del niño. Su manera de expresar una posible señal de peligro se refleja de inmediato en las acciones del niño.

Con la teoría del estadio del espejo, Lacan nos demuestra cómo la identidad del sujeto no nace en absoluto del desarrollo progresivo de las potencialidades innatas, sino que depende fundamentalmente de la mediación asegurada por la mirada del Otro. El sentimiento de identidad y de unidad del propio cuerpo no se genera mediante una maduración evolutiva ya programada, sino solo gra-

rín, 1976, vol. I [trad. esp.: «El estadio del espejo como formador de la función del yo [*je*] tal como se nos revela en la experiencia psicoanalítica», en *Escritos 1;* trad. de Tomás Segovia y Armando Suárez, Biblioteca Nueva, Madrid, 2013].

cias al encuentro contingente con el espejo como rostro del Otro.[14] El cuerpo –fragmentado, desconocido, discordante, leso, hambriento, sediento, dolorido, arrojado al desamparo, privado de la autonomía e incapaz de acceder a la palabra– del niño, que Lacan describe en la célebre fórmula del «cuerpo fragmentado», puede encontrar una primera y benéfica unificación en el rostro de la madre.

Con una aclaración necesaria: ese rostro no es solo el rostro de la madre, sino el *rostro del mundo custodiado en el rostro de la madre*. Para la vida del hijo que viene al mundo, el rostro de la madre es, de hecho, la primera aparición del mundo. Hubo un tiempo en que para cada uno de nosotros la faz del mundo coincidía con el rostro de una madre; hubo un tiempo en que el mundo tenía la apariencia del rostro de una madre. El niño no ve nunca, a través del rostro de la madre, únicamente su propio rostro, ni se limita a ver el rostro de su madre, sino que ve en ese mismo rostro la posibilidad de ver la faz del mundo o, si se prefiere, ve en el *rostro de la madre* lo que le faculta para poder mirar el *rostro del mundo*.

14. Véase J. Lacan, «Nota sulla relazione di Daniel Lagache: psicoanalisi e struttura della personalità», en *Scritti, op. cit.,* vol. II [«Observación sobre el informe de Daniel Lagache: "Psicoanálisis y estructura de la personalidad"», en *Escritos, op. cit.,* tomo 2]. Winnicott desarrollará de una manera original este tema en un artículo titulado «Papel del espejo de la madre y la familia en el desarrollo del niño», precisando que el verdadero espejo para el niño no es el espejo como objeto empírico, sino el rostro de la madre. Se trata de un enamoramiento narcisista necesario para la vida: mientras se pierde en la contemplación de ese rostro, el niño encuentra su propia imagen y lo mismo sucede, recíprocamente, para la madre. Véase D. W. Winnicott, *Gioco e realtà,* Armando, Roma, 1974, pp. 189-200 [trad. esp.: *Realidad y Juego,* trad. de Floreal Mazía, Gedisa, Barcelona, 2013, pp. 179-182].

El rostro de la madre no es solo el espejo que devuelve el rostro del hijo al hijo, sino que también es el primer rostro del mundo. Y como rostro del mundo, el suyo es un rostro que nunca puede ser alcanzado, ni consumido, por la mirada del hijo. Es en este sentido en el que afirma Lévinas que el rostro del Otro se abre siempre a un Tercero situado más allá de la relación especular, a un horizonte que no puede agotarse en la pareja madre-hijo. Es un punto incuestionable en la reflexión psicoanalítica desarrollada en particular por Lacan y Winnicott: solo si el niño se ve visto por el Otro, solo si se reconoce en el rostro del Otro, podrá autorizarse para mirar el rostro del mundo. La especularización narcisista de su propia imagen fundamenta la posibilidad de captar esa apertura siempre abierta del mundo, pero esa especularización se hace a su vez posible solo mediante la respuesta del rostro de la madre como primer rostro del mundo.

Es una verdad que encuentra su confirmación, al revés, en la clínica: cuando el niño recibe de la madre respuestas mortificantes, caóticas o angustiosas, su acceso al mundo queda inevitablemente turbado. «¿No sería terrible», declara una madre, paciente de Winnicott, «que el chico mirase en el espejo y no viera nada?»[15] Si el apoyo del Otro no llega, si la respuesta de la madre está ausente o es inaudible, la vida corre el riesgo de caer, de perder su necesario sostén. El espejo vacío evocado por la paciente de Winnicott se sitúa en la misma serie del silencio que deja retumbar el grito de la vida. Por una parte, tenemos a la madre sin rostro, por otra el grito sin respuesta. ¿No es esta acaso una queja recurrente en nuestros hijos a partir

15. D. W. Winnicott, *Gioco e realtà*, *op. cit.*, p. 198 [trad. esp., p. 186].

del hijo de Dios? ¿No grita acaso Jesucristo, antes de ser brutalmente clavado en la cruz: «Dios mío, Dios mío, ¿por qué me has abandonado»?[16] ¿No es esa la misma pregunta que encontramos en el núcleo del sueño relatado por Freud, y retomado por Lacan, del padre que al quedarse dormido mientras vela a su hijo muerto sueña que su hijo está a punto de quemarse en el ataúd por el fuego de una vela y dirigiéndose a él clama con desesperación: «Padre, ¿acaso no ves que me abraso?»[17]

Una de mis pacientes me hablaba siempre del dolor que sentía cada vez que, dirigiéndose a su madre, sus palabras caían indefectiblemente en el vacío. Demasiado atareada, demasiado ocupada en otras cosas, para dedicarle su atención. «Era como si para ella yo no existiera», no dejaba de repetirme. En sus frecuentes caídas en la depresión se le aparecía siempre el mismo sueño: intenta mirarse al espejo, pero una sábana se lo impide ocultándole el rostro. La sensación que experimenta es la de no existir. Sus asociaciones reactivan siempre el mismo recuerdo infantil: la madre que, mientras le corta nerviosamente el pelo, le grita que nadie en su familia ha tenido nunca un pelo tan negro y rizado como el suyo.

Cuando el rostro de la madre no nos devuelve una respuesta capaz de reconocer la vida, cuando la vida no se siente deseada por el deseo del Otro, no se siente querida, sino que vive como una extraña, como en el caso

16. Mateo 27, 47; Marcos 15, 34.
17. El comentario a este sueño relatado por Freud se halla en J. Lacan, *Il seminario. Libro XI. I quattro concetti fondamentali della psicoanalisi (1964)*, Einaudi, Turín 2003, pp. 56-59 [trad. esp.: *El seminario, 11: Los cuatro conceptos fundamentales del psicoanálisis,* trad. de Juan Luis Delmont-Mauri y Julieta Sucre, Buenos Aires, Paidós, 1987, pp. 64-68].

de esta paciente, se marchita, se siente abandonada, rechazada.

Un chico esquizofrénico me pedía, al final de cada sesión, antes de despedirse, un espejo en el que poder reflejar su rostro. Hallaba de esa manera cierto alivio ante la angustia de la separación que se renovaba en cada final de sesión; tenía que localizar su imagen en el espejo para no sentir que se la arrancaban. Su historia se caracterizaba por una familia inexistente, por una madre y un padre que nunca dejaron de discutir furiosamente, haciendo caso omiso de la presencia del hijo, que vivía sus enfrentamientos, intensos y violentos, con gran angustia. Temía que sus padres pudieran destruirse mutuamente y quedarse solo en el mundo. Su rostro no pudo reflejarse en ningún otro rostro; su cuerpo quedó fragmentado en un caos pulsional que él vivía de modo delirante: su propio cuerpo era un material explosivo altamente peligroso (como lo eran las furiosas peleas entre sus padres). Sentía que podía —me lo decía sin intención metafórica— «estallar» de un momento a otro, y esa explosión era, al mismo tiempo, la señal de su fragmentación y la del riesgo de su tránsito al acto violento. En ese caso, el uso del espejo en el baño del analista podía suplir, aunque solo fuera imaginariamente, la ausencia decisiva del espejo simbólico constituido por el rostro del Otro.

En una lógica diferente, un niño con graves problemas escolares y con vivencias depresivas relacionadas con el hecho de que su madre, separada de su marido casi inmediatamente después del parto, no le prestaba la menor atención por estar completamente absorbida en sus compromisos profesionales, podía pasarse horas delante del espejo sin dejar de hacer muecas en lugar de aplicarse en sus estudios. Demorarse ante su propia imagen, dilatarla, modificarla, era una manera de tratar de recuperar una porción de narcisismo herido de muerte por la absoluta falta de interés que sus padres mostraban hacia él.

El punto clave es que las perturbaciones de la relación primaria con la madre siempre coinciden, y no por casualidad, con la posibilidad de que el niño viva creativamente la apertura del mundo. Cuando el niño no es acogido por la mirada materna, esta apertura –la apertura del mundo– se sustrae y deja de estar disponible. La mirada del niño no se vuelve hacia él bajo la forma de un reconocimiento que consolide su identidad –«¡Tú eres eso!»–, sino que se pierde en el vacío.

Esto sucede, como recalca Winnicott, desde los más tempranos intercambios entre el niño y la madre. Si el lactante no vislumbra la mirada materna dirigida hacia él, sino que la capta como algo rígido, muerto, frío, ausente, el mundo se le aparecerá también cerrado, impenetrable y distante. La cerrazón del rostro de la madre mantiene cerrado el rostro del mundo. Pero ¿qué lleva al rostro de la madre a mostrarse oscuro, hostil o indiferente hacia la vida que ha generado? ¿Por qué razones el rostro y la mirada de la madre pueden llegar a reaccionar ante la existencia del niño no solo con júbilo, sino también con una mueca, con contrariedad, con desilusión o con indiferencia?

En primer lugar, toda madre responde no al niño real, sino a lo que de ella misma ve proyectarse fantasmáticamente en su hijo. Si al mirar a su madre el niño se ve a sí mismo en la mirada del Otro –se ve como la madre lo ve: digno de ser amado o no, deseable o no–, cuando una madre mira a su hijo deposita inconscientemente en él gran parte de su propia historia de hija. Es decir, si para el niño ser digno de amor depende de la mirada positiva y amorosa de la madre, para una madre la posibilidad de amar a

44

un hijo puede depender de cómo ha integrado en sí misma su propia experiencia de la maternidad y, en particular, sus vínculos con su madre.

La autorización para generar añade un suplemento esencial a la serie, programada instintivamente, de los fenómenos naturales: inseminación, gestación, parto. En el caso de que tal autorización no sea concedida, la gestación puede verse amenazada o suspendida por la interferencia negativa de los fantasmas de la inadecuación y de la impotencia. La espera de conocer, ver, tocar, besar el cuerpo del hijo puede ser una apertura extraordinaria al misterio de la vida, pero puede convertirse también en una pesadilla. Este es el momento de mayor incidencia de la madre en la futura madre. Al igual que en las cajas chinas, el rostro de una madre contiene el rostro de su propia madre. En cada embarazo, la futura madre se enfrenta al fantasma de su propia madre; el acceso a la potencia de la generatividad es una forma radical (¿la más radical?) de la herencia; inscribirse en la cadena generacional como madre significa asimismo morir como hija, haciendo aún más amplio el surco que la irrupción de la menarquía traza en el cuerpo de toda mujer separándola de su haber sido hija.

Winnicott describe a algunos niños, cuya capacidad creativa se muestra «atrofiada», a los que su madre no ha sabido restituir la mirada, niños que, como resultado, «miran y no se ven a sí mismos»,[18] como si estuvieran mutilados, privados no de un órgano del cuerpo, sino de la mirada de la madre, que da, como diría Lacan, unidad narcisista a todo el cuerpo, que sabe hacerlo «digno de amor». Lo que en estos casos desfallece es el rostro de la

18. D. W. Winnicott, *Gioco e realtà, op. cit.*, p. 191 [trad. esp., p. 181].

madre como espejo positivo del mundo. La percepción depende, en efecto, como ya hemos visto, de la percepción de uno mismo a través del Otro; si esta primera institución de la vida no tiene lugar, hasta la propia posibilidad de la percepción —como apertura primaria al escenario del mundo— queda turbada. El niño corre el riesgo entonces de percibir el rostro del mundo sobre la base de la ausencia de la mirada de la madre, transformándose así en una especie de meteorólogo dedicado a escrutar angustiosamente el rostro de la madre, asimilado a un cielo que siempre amenaza tormenta: escruta el cielo del mundo, no para contemplar su belleza, no para captar su potencia vital o lírica, sino para percibir los malos presagios que anuncian la llegada de una tormenta o cualquier otra calamidad natural. Su acceso al mundo se verá afectado por una angustia de fondo.

Hay niños que ven en efecto el rostro de su madre como un cielo que acarrea únicamente señales de inminentes amenazas, que «estudian el variable rostro de la madre, en un intento de predecir su estado de ánimo».[19] Se trata de una preocupación que refleja una defectuosa subjetivación de la maternidad por parte de su madre. La metamorfosis que está en juego es mortífera: si el rostro de la madre carece de respuestas, si se petrifica en una defensa angustiada frente a la existencia indescifrable del niño, si refleja la presencia inminente de las nubes oscuras en el cielo, para ese niño, para el niño expuesto a las perturbaciones de la mirada materna, como aclara Winnicott, «el espejo será entonces algo que se mira, no algo dentro de lo cual se mira».[20]

19. Ibídem, p. 192 [trad. esp., p. 181].
20. Ibídem [trad. esp., p. 182].

¿Qué significa entonces transformar el espejo en *algo que mirar* en lugar de *algo a través de lo que poder ver?* Es una metamorfosis de la relación con el mundo. El mundo contiene una amenaza que habrá que observar y tener constantemente en la cabeza. Esta preocupación obstaculizará al niño en su vivencia del rostro de su madre como si fuera el espejo del rostro del mundo en el que mirar. Sucede lo mismo en el amor de los adultos: cuando el rostro de quien amamos y a quien conocemos perfectamente se nubla, se oscurece igual que una ventana abierta al mundo que se cierra de repente, entonces el rostro del Otro ya no es un mundo que hace posible otro mundo, un mundo en el mundo, sino algo que cierra el mundo.

En el caso de la mirada ausente de la madre, no es solo el rostro de la madre lo que se ensombrece y lo que pasa de «escudo» frente a la angustia a convertirse en causa de angustia, sino que en esta ausencia queda succionado el propio rostro del mundo, puesto que la posibilidad de acceso a la apertura del mundo depende de que se constituya *a través de* la mirada y el rostro de la madre. Sin este pasaje que da forma a la existencia no hay posibilidad de percibir plenamente la belleza del mundo; la sombra de la tormenta oscurece la visión, distorsiona la percepción, animándola con una profunda angustia frente a un caos que amenaza inexorablemente, en cualquier momento, con desencadenarse.

«*Lalengua*»

El nacimiento de la vida es siempre el nacimiento del mundo, es decir, el nacimiento del lenguaje. Con cada nacimiento nace siempre, de nuevo, una vez más, la lengua.

Esta lengua no es desde luego la que está encerrada en el código anónimo del lenguaje, sino una lengua, que Lacan denomina *lalengua (lalangue),* hecha de carne, de afectos, de emociones, de balbuceos, de signos, de sonidos, de gestos, de murmullos, de cuerpo, una especie de enjambre que todavía no responde a las leyes del lenguaje, sino que es la materia prima sobre la que esas leyes se aplicarán. Se trata de una lengua del cuerpo, irreductible a sus elementos gramaticales. Consiste en un primer depósito estratificado de signos generados por la relación entre la madre y el niño. Es la lengua que alimenta los primeros intercambios vitales entre la madre y su niño y que precede al acceso al lenguaje alfabético.

Es la madre, en efecto, la que inscribe al sujeto en el campo del lenguaje a través de los gestos de sus cuidados. «La alimentación y el cuidado del cuerpo, al igual que los chillidos, el llanto, la mirada y la sonrisa son ya lenguaje», afirma con razón Gennie Lemoine.[21] Eso significa que, en contra de cierta retórica psicoanalítica que pretende excluir a la madre de la génesis del lenguaje, es la madre la que lleva al hijo el milagro de la palabra sobre todo a través de su voz, cuya densidad trasciende la estructuración puramente gramatical del lenguaje. También en este sentido la *lalengua* precede al lenguaje como estructura articulada semánticamente. Es la experiencia de una lengua hecha de cuerpo y, al mismo tiempo, la experiencia del cuerpo de la lengua. En un poema de Alessandra Saugo podemos ver la realización de *lalengua* en el intercambio de una madre con su criatura:

21. Véase E. Lemoine-Luccioni, *Il taglio femminile. Saggio psicoanalitico sul narcisismo,* et al., Milán, 2011, p. 76 [trad. esp.: *La partición de las mujeres,* trad. de Teodoro P. Lecman, Amorrortu, Buenos Aires, 1976].

La maternidad es tierna.
Se enrebozan las palabras.
Se agoldonean.
Se apostan en el nido.
Mi niña está en la cuna durante la hora más bonita.
Mi niña tiene butinos, tiene celestillos, tiene oscuritos
bajo la sabanita.
Mi niña es desbatajustillo, es filantina, becolitos y
chuchantilla,
a este lado de la ventanita
durante la hora más bonita.[22]

Mientras se encarga de cuidar a su hijo, la madre acarrea la palabra, construye, junto a su hijo, la tupida textu-
ra de *lalengua*. Sin esta construcción no hay acceso a lo
simbólico. Lo resalta el atroz experimento practicado por
Federico II, el gran reformador, cuando en su búsqueda
de la lengua originaria, del idioma que precede a todos los
demás idiomas, confió unos cuantos recién nacidos a sus
amas de cría con la consigna de no dirigirles jamás palabra
alguna. De esta manera, para el monarca intelectual, podría observarse en vivo qué lengua hablarían primero los
niños. Resultado: todos los niños, privados del alimento
de la palabra, se dejaron morir.

El pecho

La madre del pecho es la representación más clásica de
la maternidad que la cultura patriarcal se ha esforzado en

22. A. Saugo, «Appunti di neomamma», *Attualità Lacaniana*,
n.º 8, Franco Angeli, Milán, 2008.

proporcionar. La madre patriarcal es la madre del pecho: la madre que alimenta y cría a sus hijos como inevitable destino de la mujer. El pecho es el símbolo de la madre de los cuidados. La madre patriarcal también ha sido iconográficamente representada como la madre de grandes pechos, la que sabe alimentar la vida, la madre como matriz natural de la vida.

La madre del pecho es la madre del tener, es la madre que no actúa con lo que le falta, sino con lo que tiene; es la madre que le da al niño lo que tiene. El pecho es el objeto que la madre ofrece a su niño y del que el niño depende hasta el extremo —como recuerda Freud— de percibirlo, en las primeras etapas de su vida, como una parte de su propio cuerpo. En realidad, el seno materno aparece como un objeto desdoblado desde siempre: por un lado, satisface las necesidades más básicas del niño, las relacionadas con el hambre y la sed, es decir, es un *seno-objeto;* por el otro es el signo de la presencia amorosa y premurosa del Otro, es un *seno-signo.*

Este desdoblamiento reproduce un desdoblamiento más estructural de la madre: la *madre del seno* nunca agota a la *madre del signo.*[23] Es algo que puede constatarse fácilmente observando a los recién nacidos en el momento de tomar el pecho: en un primer momento el empuje de la necesidad se halla claramente en primer plano. El niño tiene hambre y necesita alimentarse; sufre la presión fisiológi-

23. Este desdoblamiento ha sido señalado por J.-A. Miller, «Presentazione del Seminario IV di Jacques Lacan: la relazione d'oggetto», en *La psicoanalisi,* 15, 1994. Véase J. Lacan, *Il seminario. Libro IV. La relazione d'oggetto (1956-1957),* Einaudi, Turín, 1994 [trad. esp.: *El seminario, 4: La relación de objeto,* Paidós, Buenos Aires, 2009].

ca de la necesidad con toda su urgencia. La succión manifiesta su carácter de actividad pulsional fundada en la matriz biológica del instinto. En un segundo momento, sin embargo, el niño ya saciado retiene en sus labios el pezón. En esta persistencia de su boca ya no se manifiesta urgencia vital alguna. Lo que está en juego no es ya la satisfacción de las necesidades, sino otra clase de satisfacción. Al juguetear con el pezón apretándolo en la boca podemos ver cómo la pulsión se emancipa de la base material del instinto —ya no hay nada que succionar— y, sobre todo, cómo el niño entra en un universo que trasciende ese otro —dominado por la necesidad biológica— del impulso de la necesidad. Son ahora otras demandas y otras satisfacciones las que pasan a primer plano. El niño quiere sentir la presencia del Otro y trasfigura el seno-objeto en el signo de esa presencia. No es ya la actividad acéfala de la pulsión lo que se halla en el centro, sino el deseo de sentirse deseado por el deseo de la madre, su solicitud de reconocimiento.

Esta es la transmutación que invade el pecho, que ya no es solo el objeto de satisfacción de la necesidad *(seno-objeto),* sino que deviene un signo del deseo del Otro, un signo de amor *(seno-signo).* Se trata del desdoblamiento más esencial: el pecho se divide en un seno-objeto que responde a la necesidad y un seno-signo que responde a una demanda irreductible a lo instintivo de la necesidad, es decir, a una demanda de amor. Cuando ofrece su pecho, una madre no solo ofrece su seno como objeto, sino que entrega su seno como signo de su amor. Estamos frente a una heterogeneidad fundamental en la que el regalo del seno-signo derrota simbólicamente la dimensión del seno-objeto, puesto que sin la presencia del primero también el segundo perdería su sentido. Nos lo recuerda a su manera el propio Winnicott cuando escribe:

El niño no desea recibir la alimentación adecuada en el momento adecuado, sino recibir el alimento de alguien que goza alimentándolo. El bebé da por sentadas cosas como la suavidad de la ropa y la tibieza del agua en que lo bañan. Lo que es imposible dar por sentado es el placer que experimenta la madre al vestir y bañar a su propio bebé. Si goza con todo ello, para el niño es como si el sol resplandeciera. El placer de la madre debe estar presente, pues de no ser así toda su actividad resulta sin vida, inútil y mecánica.[24]

Es lo que se demostraba en un estudio ya clásico de René Spitz acerca del fenómeno clínico de la llamada «privación primaria» que afectaba, en el curso de su primer año de vida, a los niños que, tras haber perdido a sus padres durante la Segunda Guerra Mundial, se veían obligados a sufrir el trauma de la hospitalización.[25] Spitz observa que, pese a ser tratados con la mayor solicitud posible, desarrollaban síntomas muy graves (depresión, insomnio, autismo, marasmo, anorexia), e incluso, en casos extremos, llegaban a dejarse morir de hambre. Se trata de un ejemplo dramático de cómo el nivel de satisfacción de las necesidades no coincide en absoluto con el del reconocimiento del deseo.

Los seres humanos no son plantas y para asegurar su crecimiento no es suficiente con garantizarles las dosis adecuadas de calor, de luz y de alimento. Los niños de

24. D. W. Winnicott, citado en J. Abram, *Il linguaggio di Winnicott. Dizionario dei termini e dei concetti winnicottiani*, Franco Angeli, Milán, 2002, p. 210.
25. Véase R. A. Spitz, *Il primo anno di vita del bambino*, Giunti, Florencia, 2009 [trad. esp.: *El primer año de la vida del niño*, trad. de Manuel de la Escalera, FCE de España, Madrid, 1978].

Spitz nos indican que la vida humana requiere *otra clase* de alimento, además del que es capaz de satisfacer el ámbito de las necesidades más inmediatas. Las enfermeras del hospital eran eficientísimas en dispensar las atenciones necesarias —el seno-objeto—, pero no podían sustituir el regalo materno de los signos del amor —el seno-signo.

La madre del signo, en efecto, no permite que se la reduzca a la madre de los cuidados o, si se prefiere, la dimensión de los cuidados nunca puede satisfacer la exigencia de ser reconocido como sujeto que se expresa en la demanda del amor. Mientras la madre del seno ofrece lo que tiene, la madre del signo está recorrida por la carencia, no la esconde, no la oculta, no la elimina, sino que la entrega. Entregar la propia carencia —la propia insuficiencia y vulnerabilidad— tiene el mismo inestimable valor que el de ofrecer las propias manos y el propio rostro. Para Lacan se trata de la definición más alta y más precisa del amor: *amar es dar al Otro lo que no se tiene.* Esto significa que el regalo del amor trasciende siempre el nivel del objeto, porque nunca es regalo de algo que se posee, sino obsequio de lo que no tenemos, de lo que nos falta radicalmente a nosotros mismos.

Una madre no se distingue en realidad por la diligencia de sus cuidados, sino por cómo sabe corresponder al deseo de reconocimiento del niño a través de su propio deseo. Si una madre se propone como completa en su ser, como libre de carencias, como un todo encerrado en sí mismo, idealmente autosuficiente, si vive la maternidad bajo el signo de la omnipotencia o de la indiferencia, no contribuye a asignar el lugar simbólico necesario para que un niño se sienta lo suficientemente digno de amor.

Es la madre del signo la que, a diferencia de la madre del seno, sabe cómo poner a disposición del niño sus carencias, o, si se prefiere, la que sabe transformarlas en un regalo de amor. Si la madre del seno actúa a través del tener —ofrece lo que tiene, el pecho y los cuidados—, la del signo actúa más que nada a través de sus carencias —da lo que no tiene—, haciendo que su hijo se sienta irreemplazable. Por esta razón, la madre del signo actúa a través de lo que le falta y no de lo que tiene; no ofrece simplemente al niño el objeto de la gratificación que puede resolver la urgencia de su necesidad, sino el signo que puede reconocerlo como sujeto. Entregar sus propias carencias significa, por encima de todo, mostrar que la existencia del hijo no es en realidad el completamiento del ser de la madre sino lo que extrae de ese ser una carencia singular.

Esto es lo que debe poder verificar el amado al regresar con su amada después de un viaje: «¿Me has echado de menos?», «¿Mi ausencia ha sabido abrir en ti el signo de mi carencia?». El interés no radica aquí en las cosas, en los objetos, no implica en absoluto el ámbito de lo que se posee, sino que se mantiene firme en el ser: «¿He estado presente en ti, incluso bajo la forma de mi ausencia? ¿Mi ausencia me ha hecho presente? ¿Mi vida sabe volverte carente, ocupa un lugar insustituible en ti?» Por esta razón, el fantasma primario de todo niño, según Lacan, se manifiesta en la frase: «¿Puedes perderme?» Lo que significa: «¿Posee mi existencia un valor inestimable e irreemplazable para ti?»

El juego del escondite que tanto apasiona a los niños encuentra aquí su matriz fantasmática: desaparecer, abriendo una carencia en el Otro, para permitir después que le encuentren. Este «juego» implica que una madre no sea solo quien tiene que alimentar al hijo satisfaciendo sus necesidades —la madre del seno—, sino, por encima de todo, la que señala cómo la existencia del hijo ha abierto una carencia en ella misma renovando la existencia del mundo, haciendo que el mundo renazca de nuevo.

La ausencia

Para todo niño resulta esencial poder atesorar experiencia tanto de la presencia de la madre como de su ausencia. Sin experimentar la alternancia de ausencias y presencias de la madre, la presencia puede adquirir rasgos persecutorios volviéndose sofocante, mientras que la ausencia puede despertar vivencias depresivas y de abandono. Es necesario que la oferta materna de presencia deje espacio asimismo a su ausencia; es necesario que podamos elaborar el duelo de la madre simbolizando su ausencia. Para Melanie Klein esta es la condición de base para la creatividad y la sublimación: solo si se abre el vacío, solo si se experimenta y se simboliza la pérdida del objeto –la ausencia de la madre– se hace posible el gesto creativo.[26]

En el relato freudiano del juego del carrete, la madre deja solo al pequeño Ernst en su habitación.[27] El desconsuelo de la separación pone en marcha una invención: el

26. Véase M. Klein, «Situazioni d'angoscia infantile espresse in un'opera musicale e nel racconto di un impeto creativo», en *Scritti (1921-1958)*, Boringhieri, Turín, 1986 [trad. esp.: «Situaciones infantiles de angustia reflejadas en una obra de arte y en el impulso creador», en *Amor, culpa y reparación y otros trabajos (1921-1945)*, Paidós, Barcelona, 2016].

27. Véase S. Freud, *Al di là del principio del piacere*, en *Opere*, ed. de C. L. Musatti, Bollati Boringhieri, Turín, 1989, vol. IX, pp. 200-203 [trad. esp.: *Más allá del principio del placer*, en *Psicología de las masas;* trad. de Luis López-Ballesteros, Alianza, Madrid, 1994, pp. 90-93].

niño coge un carrete, envuelve a su alrededor un hilo, lo lanza lejos de él, bajo el armario o debajo de la cama, de forma que desaparezca de la vista, para rebobinar después el hilo y atraerlo hacia él entre exclamaciones de alegría. Gracias al poder del símbolo, Ernst transfiere a su madre al carrete convirtiendo la posición pasiva de quien padece el alejamiento (de la madre) en la posición activa de quien decide los tiempos de su desaparición y reaparición.

Bibliotecas enteras han hecho del pequeño Ernst un personaje célebre. Su esfuerzo solitario para dominar la angustia de su abandono a través de su pequeña invención han llamado la atención de psicoanalistas, filósofos, antropólogos, escritores. Su juego ha quedado inmortalizado para siempre como el juego del *fort-da,* de la aparición y la desaparición. El genio creativo del pequeño Ernst muestra toda la potencia del símbolo: volver presente la ausencia. Pero también cómo esa potencia puede ayudar a sobrevivir a la angustia. La lección del pequeño Ernst hizo historia. No hay una sola palabra, en cambio, acerca de su madre. La madre de Ernst resulta descuidada, reducida a una aparición anónima, relegada a los márgenes de la escena. De ella no se recuerda gesto alguno, por más que su gesto constituya el íncipit fundamental de toda la historia. En efecto, si la madre no hubiera salido de la habitación, si se hubiera quedado todo el día con su pequeño, si no se hubiese abierto la puerta, la invención del juego no habría sido posible. La mirada de esta madre —de la que, como de la madre de Turín, no sabemos, a diferencia del hijo, el nombre— se dirige ventanas afuera, sale de la habitación, para ella su mundo no se reduce del todo a su pequeño. La madre está ahí con él, pero también está en otra parte. Es una presencia, pero también es una ausencia. Toma la decisión de abrir la puerta y de marcharse; su presencia deja espacio a su ausencia. Y esta sustitución marca el ritmo de toda la escena: el niño solo puede jugar gracias al gesto materno que provoca su ausencia.

La madre sale por la puerta, va hacia el mundo, no permanece unida a su criatura. Su mirada no está dirigida por entero al niño. La madre ha estado con su pequeño, ha asegurado su presencia, se ha encargado de él. Pero su dedicación tiene sus límites. El mundo está esperando fuera de la puerta, fuera de la ventana, fuera de su hogar. Solo su salida de escena cimienta la posibilidad de la escena. Freud es el primero que no se demora en ella. Es la salida por la puerta de la madre lo que hace posible para el niño el acceso a la ausencia y por lo tanto el acceso al juego, a la virtud genética del símbolo.

El pequeño Ernst nos enseña que solo en el trasfondo de la ausencia de la madre pueden ser movilizados positivamente los recursos sublimatorios del niño. Si la madre estuviera siempre presente no habría espacio para juego alguno. Es la salida de escena de la madre, su marcharse de casa, lo que le ofrece la posibilidad de experimentar una ausencia y de su simbolización. La experiencia de la ausencia no proviene en este caso directamente del padre, cuyo cometido —como señala la doctrina clásica del psicoanálisis— debe ser el de separar al niño de la omnipotencia materna, de su presencia excesiva, sino que es el propio gesto de la madre la que la genera. Es un ejemplo claro de cómo el deseo de la mujer debe ser capaz de hacer a la madre «no-todo-madre». Saber abandonar, saber hacer que el hijo atesore experiencia de la ausencia es tan importante como asegurar su propia presencia amorosa. Es un claro ejemplo de la sublimación materna: es el gesto de la madre el que hace posible la alteridad de hijo, su separación, el desapego de sí misma.

La ausencia de su madre no es aquí consecuencia de la acción edípica del padre que, interviniendo con su autoridad simbólica, quiebra la pareja madre-hijo y hace así posible para el niño un acceso logrado al lenguaje, sino que es un regalo materno. Es la ausencia de la madre lo que hace posible la presencia del símbolo. Si la madre no se queda pegada al pequeño Ernst, sino que le impone su ausencia, es porque para ella la existencia del hijo no agota en absoluto la del mundo, es porque para ella existe un «fuera» respecto a la pareja cerrada madre-hijo. Su deseo se mueve en una dirección diferente a la del hijo que la querría toda para él. Y es ese movimiento precisamente —el movimiento del deseo de la madre o, si se prefiere, el deseo de la mujer que no puede quedar nunca agotado por entero en el de la madre— lo que hace posible la acción creadora del niño, quien transfiere, con una operación simbólica, la existencia de la madre a la del carrete que puede tirar hacia él y alejarlo de él.[28]

Roland Barthes, en su extraordinario trabajo en torno a la fotografía, doblegado frente a la muerte real de su madre, ha de enfrentarse a la imposibilidad de recuperar su presencia. Ninguna fotografía parece capaz de restituirle la presencia de su madre. La afanosa búsqueda, por parte del hijo, de una fotografía de la madre que pueda devolver el sentido de su presencia en el mundo parece destinada a la insatisfacción: todas las fotografías de la madre repiten una y otra vez la misma espera decepcionada. Una y otra vez «dejaba escapar su ser, [...] su totalidad», comenta desilusionado Barthes, puesto que cada fotografía, al reproducir solo analógicamente a su madre, no daba con ella. Nunca era realmente ella, sino siempre «casi» ella. Y «decir

28. Ibídem.

[...] "¡es casi ella!" me resultaba más desgarrador que decir [...] "no es ella en absoluto"».[29]

El «esfuerzo de Sísifo» al que Barthes-hijo se lanza consiste en tratar de capturar la esencia de su madre que ya no vive a través de las imágenes, las cuales sin embargo traicionaban, una y otra vez irremisiblemente, su presencia particular. La madre seguía siendo en todo caso irrepresentable, un «núcleo radiante, irreductible», en torno al cual se multiplican todas sus representaciones,[30] al menos hasta que el escritor se topa con una fotografía de la madre de niña, una fotografía denominada «del Invernadero» que de repente parece devolver –aunque solo con el trasfondo de una ausencia irremediable– el sentido auténtico e irrepetible de esa presencia. Pero a diferencia de otras fotografías que Barthes comenta en el texto, ningún lector podrá verla nunca; se trata de una ausencia en el corazón de la presencia que atestigua una vez más el carácter irremisiblemente perdido de la Cosa materna y, al mismo tiempo, su fuerza de atracción sobre el movimiento sublimatorio de la representación.

29. R. Barthes, *La camera chiara. Nota sulla fotografia,* Einaudi, Turín, 1980, pp. 67-68 [trad. esp.: *La cámara lúcida. Nota sobre la fotografía,* trad. de Joaquim Sala-Sanahuja, Paidós, Buenos Aires, 1990; p. 115].

30. Ibídem, p. 76 [trad esp., p. 133]. Quiero señalar que se trata casi de la misma definición que Lacan da de la Cosa materna en el *Seminario VII:* la Cosa «se aísla como el término extraño en torno al cual gira todo el movimiento de la *Vorstellung* [representación]». Véase *Il seminario. Libro VII. L'etica della psicoanalisi (1959-1960),* Einaudi, Turín, 1994, pp. 71-72 [trad. esp.: *El seminario, 7. La ética del psicoanálisis 1959-1960,* trad. de Diana S. Rabinovich, Paidós, Buenos Aires, 1988].

El deseo

La figura más decisiva de la madre es la de su deseo, la del deseo de la madre. Esta figura está ausente en el modelo contenido-contenedor a través del cual muchos analistas, especialmente de la escuela anglosajona, pretenden interpretar la relación madre (contenedor) e hijo (contenido). En el núcleo de este modelo está la figura de la madre como contenedor de la vida del hijo; contenedor que debe ser capaz de ofrecer a su hijo un ambiente seguro y digno de confianza, saneado de la angustia, en cuyos límites el propio hijo pueda crecer positivamente.

Con la referencia al «deseo de la madre» –centralísimo en toda la enseñanza de Lacan– no se trata de negar por lo tanto la importancia de la dimensión constante y garantizada de la presencia de la madre, sino más bien de demostrar que para ser una madre de verdad lo «suficientemente buena» es indispensable que el deseo de la mujer que se ha convertido en madre nunca se disuelva del todo en el de la madre. He ahí la cuestión clave: la diferencia, la discontinuidad entre la mujer y la madre. Por esta razón Lacan adopta la expresión «el deseo de la madre» más que la figura de la madre-contenedor y nos apremia, para captar la eficacia o la dificultad de una madre, a hacer frente al problema de la sexualidad femenina: ¿cómo se ha mantenido en esa mujer convertida en madre, si es que se ha mantenido, el deseo inagotable de la mujer?

La película *Anni felici* (2012), de Daniele Luchetti, nos muestra a una joven madre que retrata bien a ese personaje inagotable. Se trata de una mujer que en los años de las protestas estudiantiles se niega a ocupar pasivamente el papel de madre de sus hijos y fiel esposa de un marido infiel. Su desafío a la ideología del patriarcado toma la senda del derecho a ser amada fuera de ese destino de sumisión sintomático que el Otro grande de la tradición le ha asignado. Por eso su amor (lésbico) le hará imposible seguir usando las vestiduras de la madre sacrificial. Su revuelta subjetiva se alza contra las apariencias sociales y sus prescripciones violentas. Como madre, puede seguir proporcionando el oxígeno necesario para la vida –como en la dramática escena en la que, junto a su marido, salva a su hijo del riesgo de morir ahogado exhalando aire en su boca– solo si puede existir como mujer. Es la trayectoria opuesta a la realizada por su suegra, que ha erosionado sistemáticamente los sueños y el deseo de su hijo reteniéndolo en una mediocridad sin alternativas.

Si la madre puede sentirse satisfecha por tener sus propios hijos, la mujer señala esa parte del deseo de la madre que queda con razón insatisfecho. El hecho de que en la madre aparezca la mujer es la salvación tanto para el niño como para la propia madre. Cuando la madre cede a la ira y a la inquietud es, muy a menudo, porque la mujer rechaza su sacrificio planteando demandas irreductibles a las de la maternidad.

La inquietud de la madre puede ser la señal de la exorbitancia de la mujer respecto a la madre. No es nada malo, no es un síntoma; sintomática y maligna es más bien esa maternidad que destruye a la mujer o, si se quiere, que repele a la mujer en el nombre absoluto de la madre. También para un hombre puede ser la maternidad una manera de esterilizar el deseo de la mujer y su carácter excesivo y anárquico. La cultura patriarcal ha perseguido durante siglos este espejismo: la reducción de la mujer a madre tenía como objetivo cancelar el exceso ingobernable de la feminidad. La idealización de la maternidad como sacrificio de una misma quedó elevado a símbolo de esa cancelación. Por el contrario, es la trascendencia del deseo de la madre lo que hace posible la trascendencia del deseo del hijo. Se trata de un intercambio donde lo que está en juego ya no es solo la presencia de la madre que acoge (su rostro, sus manos, su cuerpo), sino la ausencia de la madre que se revela como mujer, como algo imposible de poseer porque su deseo va más allá de la existencia del niño. El deseo femenino se ve capturado e impulsado por el *eteros* del amor, que no es el *eteros* de los lazos de la madre con sus hijos, como nos demuestra de forma dramática la figura mitológica de Medea.

La cuestión que no debemos olvidar es que precisamente a través de la presencia de la madre —su cuerpo a cuerpo con el hijo— se abre el espacio para el encuentro con la otredad. Por esta razón, como hemos visto, la presencia de la madre no excluye, sino que implica siempre, la dimensión de la ausencia. Mientras la madre ofrece su presencia, muestra ya cómo esa presencia no es jamás «completa» porque el ser de la mujer no se disuelve en el cuidado de los hijos. El niño no completa el deseo de la madre, no es su meta final porque este deseo está habitado por un impulso que va más allá de la propia existencia del niño. Mientras preserva la vida de su hijo, el deseo de la madre ya se está afanando para el momento de su separación del hijo.

En este sentido, el acto del padre que establece la Ley que veda la fusión incestuosa no consagra la separación, sino que la confirma. De hecho, si el deseo de la madre estuviera completamente apresado por la existencia del hijo, no habría separación posible. La irrupción de la Ley del padre que separa al niño de la madre está ya anunciada en realidad por la madre bajo la forma de un deseo que no se contenta con disfrutar de sus frutos. Esta es otra de las razones por las que Lacan siempre ha insistido en que el valor de la palabra de un padre depende en última instancia de la palabra de la madre, de cómo esta palabra dota de significado, o no, al papel del padre en la familia.

Por lo tanto, es la ausencia en la presencia de la madre —su carencia— lo que permite, por una parte, que el niño no quede crucificado en la posición de objeto exclusivo del deseo de la madre, y, por otra, que la propia madre nunca consuma a la mujer. No es casualidad que en el Antiguo Testamento la irresistible belleza de las matriarcas vaya asociada con la esterilidad, precisamente para subrayar la heterogeneidad irreductible entre el ser madre y el ser mujer.

En vez de señalar un déficit del deseo materno, la trascendencia del deseo femenino impide, en efecto, que el niño pueda saturarlo. En este sentido es la mujer —el deseo femenino— la que permite la existencia de un universo capaz de ir más allá del deseo materno, en el que el niño puede experimentar su propia libertad sin quedar sometido a un goce (materno) que lo atraparía en la posición de un objeto pasivo. Esto es lo que Lacan ha teorizado en su construcción de la «metáfora paterna»: la madre no puede apropiarse de su fruto porque su deseo ha sido magnetizado por «algo ajeno» respecto al ser del niño. El padre, aunque también cualquier otra cosa capaz de apresar el deseo de la madre (un puesto de trabajo, una pasión subjetiva, un amante incluso, etcétera), desplaza virtuosamente este deseo más allá del niño. Acabamos de verlo: la ausencia de la madre es tan importante como su presencia. Una madre lo «suficientemente buena» es una madre que no sabe darse entera a su hijo; es una madre a la que su hijo no puede poseer por completo, porque no se agota toda ella en su ser madre; es una madre que sabe cómo estar entre la ausencia y la presencia, sin acentuar unidireccionalmente una u otra. La acentuación de la presencia implicaría en efecto la imposibilidad de separación y la ilusión de la fusión, mientras que la acentuación de la ausencia daría lugar a la vivencia del abandono y del desamparo.

Es la Ley de la interdicción del incesto la que impone a la madre renunciar a la propiedad de su hijo, no someterlo a su propio goce, saber perderlo. La madre genera la vida, pero no la posee; la renuncia a la posesión del hijo, el saber ocupar la posición de la ausencia, sin embargo, es ya un movimiento de la madre, la primera forma significativa de sublimación: el niño no puede gozar ilimitadamente de la presencia del pecho, sino que debe ser capaz de experimentar su ausencia.

Para la madre, la pérdida de una parte de su propio ser –como ocurre en el instante del nacimiento, cuando el niño se separa del saco amniótico que lo había contenido hasta ese momento– es un atributo fundamental de su deseo. Al traer al mundo a su hijo, la madre, desde un principio, atesora experiencia de la discontinuidad, de la diferencia, de la pérdida del propio ser como condición de vida del hijo. Esto es lo que la doctrina clásica del psicoanálisis, que sitúa la Ley del padre como remedio para la locura incestuosa de la madre, tal vez no haya llegado a entender lo suficiente. La sublimación materna –la escisión de la madre respecto a su hijo como objeto de su propiedad– no solo es un efecto de la Ley del padre que impone la interdicción del incesto, sino que está ya en acto, es ya un acto del propio deseo de la madre en su oscilación constitutiva entre ausencia y presencia.[31]

31. Este es el punto en el que se concentra la razonable crítica feminista, vinculada a las lecciones de Luce Irigaray, respecto a la enfatiza-

Freud puso de manifiesto la equivalencia del niño con el falo: a través de la maternidad, una mujer tenía la posibilidad de superar la envidia del pene llenando su carencia con el poder de generar, criar y preservar la vida.[32] Es la sensación de plenitud y de alegría que acompaña a toda maternidad lo suficientemente buena. Pero esta euforia narcisista que brota de la equivalencia del niño con el falo puede entrelazarse, o incluso ser reemplazada, con algo más inquietante que quizá esté al acecho ya desde el mismo momento de la concepción. Es el pensamiento inconsciente (o consciente) de muchas mujeres de no estar en condiciones de generar; la sombra de la deformación, de la monstruosidad, del hijo inadecuado o enfermo, del hijo-timo, del hijo-residuo, cae sobre el deseo de maternidad como si entre el niño imaginado en su expresión más ideal (fálica) y el niño real se abriera un hueco imposible de llenar. Esto es lo que explica la angustia, a veces densa y otras más fina, que puede acompañar al periodo del embarazo.

---

ción unilateral de la Ley del padre como fundamento del acceso al orden simbólico que descuida fatalmente la existencia de una –igualmente necesaria– sublimación materna. Sobre este tema véase, por ejemplo, el precioso material recogido en AA. VV., *L'ombra della madre*, Liguori, Nápoles, 2007, pero también S. Vegetti Finzi, «Paradossi della maternità e costruzione di un'etica femminile», en G. Buzzati y A. Salvo (eds.), *Corpo a corpo. Madre e figlia nella psicoanalisi*, Laterza, Roma-Bari, 1995, pp. 147-190, y el importante L. Muraro, *L'ordine simbolico della madre*, Editori Riuniti, Roma, 1991 [trad. esp.: *El orden simbólico de la madre*, trad. de Beatriz Albertini, horas y HORAS, Madrid, 1995].

32. Para una visión más amplia e integral de la concepción freudiana de la maternidad y su recuperación en Lacan, véase M. Zalcberg, *Cosa pretende una figlia dalla propria madre? La relazione tra madre e figlia da Freud a Lacan*, Mimesis, Milán, 2015.

Las madres lo saben bien: la aparición de la vida siempre viene acompañada por fantasmas de muerte; la generación alberga dentro de sí el peligro siempre amenazante de la destrucción: Eros, como diría Freud, siempre está mezclado con Tánatos. Franco Fornari en *Il codice vivente* ha podido ver, en los sueños de mujeres embarazadas o recogidos justo después del parto, de qué manera aflora esa mezcla como una constante. La alegría de la generación queda contaminada por la posibilidad de la pérdida y de la catástrofe; los confines entre la vida que viene al mundo y la posibilidad de su desaparición son sinuosos y afectan tanto a la madre como al hijo.

El día antes de dar a luz, una paciente mía recibe la llamada desgarrada de su madre llorando a mares mientras le confía su temor a que ella pueda morir durante el parto. Una mujer joven ya en los últimos meses de embarazo habla en la sesión de un sueño recurrente: está en su casa de la playa, cuando un huracán lo arrasa todo. Se da cuenta de que en la habitación de al lado su hijo recién nacido al que nadie vigila está a punto de ser arrastrado por la fuerza de las aguas. En el sueño de otra paciente, su hijo nace con una pata de animal y con dos cabezas.

En todas estas pacientes las primeras asociaciones están provocadas por la angustia ante el parto. ¿Prevalecerá la vida sobre la muerte? ¿Será normal mi hijo? ¿Traerá consigo las huellas de la enfermedad o de la deformación monstruosa?

La intensidad de tales angustias crece en la medida en que la madre se encuentra sola al afrontar ese paso crucial de su vida. Es importante que el acontecimiento de la generación sea expresión de unos lazos entre Dos y no el acto de un Uno por sí solo. Es necesario convocar a un Tercero para conjurar la excesiva carga de angustia que puede pesar sobre ellos.

lo que en cambio no escapa a la mirada gélida y aséptica de la ciencia médica. El pequeño Adolf no tiene pestañas; lleva en su cuerpo el indicio de una degeneración de la vida, de la vida torcida, enferma, anómala, sin derecho a la existencia. No se le concede a la madre el tiempo para que pueda esperar a que las pestañas de su hijo crezcan, porque lo que prevalece es la exigencia de la eliminación, sin titubeos, de la vida torcida. Cuando por fin la madre, con el apoyo de su propia madre, llega a descubrir la fechoría y halla a su hijo moribundo que expirará entre sus brazos en una clínica que practica la muerte por inanición de los niños que padecen anomalías genéticas, el marido responde a su desesperación revelando sin pudor su complicidad con el crimen:

«¿Sabía usted que estaban matando a su hijo?», pregunta furiosa la madre de la joven madre a su yerno. «Por supuesto que lo sabía», dice el hombre. «Y le estoy agradecido a nuestro Führer por haber asumido la responsabilidad de liberarnos de esta... ¡insoportable molestia! ¡Porque no me atrevo a imaginarme lo que habría ocurrido si hubiéramos tenido que criarlo y mostrarlo en público! ¡Me habría muerto de vergüenza! ¡Y también mis padres se habrían quedado destrozados! ¡Todo Berlín se hubiera mofado de nosotros! ¡Yo, Gregor Witting, padre de un niño mongoloide! ¿Qué habría podido decirle al Führer? Tarde o temprano me habría invitado a presentarle a mi hijo, ¿y qué le habría dicho yo entonces? ¿Que no era posible porque por desgracia este miembro perfecto de las SS había concebido un hijo imperfecto?»[38]

38. Ibídem, p. 173.

La elección del nombre –Adolf– parece acarrear una tragedia anunciada que lo brinda como una oferta pagana hacia un padre monstruoso y ansioso de ordalías, más que como una elección de amor por parte de sus padres.

Es lo contrario de lo que sucede en *Tempo di imparare*, intensísima novela de Valeria Parrella que cuenta la historia de una madre que debe lidiar con un hijo discapacitado, anómalo, que sufre una enfermedad («asfixia neonatal») que lo hace diferente a los otros niños. En oposición al jerarca nazi, pero alejada también de toda retórica patriarcal del autosacrificio materno –en el fondo, esta madre no acepta, ni beatifica retóricamente, la condición anómala de su hijo, pero debe aceptarla, dado que es la única solución que le queda–, la protagonista de la novela lucha infatigablemente no solo para preservar la vida de su hijo, sino para salvaguardar su diferencia absoluta: «Yo excavo con la azada un surco en esta tierra árida, excavo yo, con la azada y las uñas, uñas pintadas para alejar el pensamiento de la muerte.»[39]

Mientras que el oficial nazi en plena carrera ve en la ausencia de pestañas del pequeño Adolf una broma insoportable del destino, una mancha, una ofensa a la perfección de su imagen narcisista («miembro perfecto de las SS»), que ha de borrarse lo antes posible haciéndose cómplice de su eliminación, la madre cuya historia nos cuenta Valeria Parrella se obliga con fuerza desesperada a ver precisamente en la imperfección y en la anomalía del hijo discapacitado su belleza insustituible. Esa es la torsión que esta madre esforzadamente trata de realizar: extraer de la imperfección de su hijo su singularidad más rara. Precisamente por ello, el gesto de esa madre es el gesto *de la* madre, es el gesto de *todas las madres*:

39. V. Parrella, *Tempo di imparare*, Einaudi, Turín, 2013, p. 47.

¿Qué necesidad tenían los antiguos de inventarse un canon, que quedara allí para cimentar lo normal, cuando después todo lo que ha podido revelar la normalidad ha sido su ausencia? Una Nike sin cabeza, pero con alas, una Venus sin brazos, un Moisés desfigurado. Y el cuerpo de Frida Kahlo punteado de hierro tal como lo hacen las estrellas con el cielo. En ese mismo exacto sentido digo que tú, con tus pasos inseguros, con tu ojo oblicuo, tu palabra retorcida, eres la esencia del cuadro.[40]

Es el tema que recorre también otra novela de Valeria Parrella, *Lo spazio bianco,* en la que, sin embargo, el énfasis no recae sobre la diferencia entre la vida normal y la vida anormal, entre la vida recta y la vida torcida, sino en la delgada frontera que separa la vida de la muerte. Irene, en el arranque de su vida, ¿estaba naciendo o estaba muriendo? La frontera es como la de una moneda lanzada al aire: «Durante cuarenta días en la misma moneda, muriendo-naciendo.»[41] Irene viene al mundo cuando su madre, de cuarenta y dos años, ya no la esperaba. Recién nacida, es salvada por la incubadora, separada de su madre, intubada, secuestrada por la ciencia. Pero este traumático desgarro no genera el alejamiento de su madre –como en el caso del pequeño Adolf–, sino que genera la «urgencia del nombre»:

Un feto está en el útero, nace un niño después de nueve meses de embarazo. Lo que yo veía en la sala de cuidados intensivos no era nada de eso, entonces fue cuan-

40. Ibídem, p. 14.
41. V. Parrella, *Lo spazio bianco,* Einaudi, Turín, 2008, p. 11.

do me di cuenta de la *urgencia del nombre*. «Se llama Irene», dije, «y escríbanlo.»[42]

Irene, entre la vida y la muerte, sin nombre, permanecería en tierra de nadie. La urgencia del nombre pretende traer a Irene a la vida, sirve para arrastrarla hacia la vida. Son las manos de la madre de Turín, que tan bien conocían la fina frontera entre la vida y la muerte, las que vuelven a aparecer aquí en la elección del nombre como regalo de la posibilidad de la vida. El espacio en blanco es el espacio de un tiempo de espera, es el espacio de la espera del nombre.

> Irene no estaba allí. No era nadie, un feto que se había escabullido, un cuerpo desnudo cuyo corazón latía ciento ochenta veces por minuto, cuya cara era tan pequeña que nadie podría intuir sus facciones. Era una forma sin imagen, un acto viviente que no tenía a sus espaldas ninguna idea platónica que lo sostuviera, el individuo que no proviene de ningún paradigma.[43]

El momento de la toma no es solo el momento de la vida que se refuerza, de la vida que absorbe la vida, sino el de un deslizamiento siempre posible de la vida hacia la muerte y viceversa:

> Cada vez que Irene chupaba demasiado fuerte, la leche le entraba en la tráquea y su pecho no tenía fuerza para expulsarla tosiendo: simplemente se bloqueaba. Dejaba de respirar hasta la cianosis, hasta la intervención de

42. Ibídem, p. 25 (la cursiva es mía).
43. Ibídem, p. 28.

las enfermeras. Me la volvían a poner en los brazos y yo, después de haberla matado casi, tenía que empezar de nuevo. Yo sabía, sabía con la determinación de quien se arroja otra vez al mar después de haber estado a punto de ahogarse, que esa determinación es el miedo. Me decía: es lo más natural de este mundo, lo más dulce, lo primero. Y sin embargo los monitores y las maniobras de reanimación saltaban, y sin embargo o se continuaba así o Irene no saldría nunca de esa.[44]

Una madre no exige el hijo ideal, no ama a su hijo en función de sus capacidades, de sus facultades o de su belleza. El amor materno no es amor por el ideal, sino por lo *real* de su hijo, es amor por su nombre propio. Y nada como tener un hijo discapacitado, torcido, anormal, impone el franqueo de lo ideal en beneficio de lo real, impone el abandono de toda representación narcisista de sí misma y de su hijo, el encuentro con una protuberancia que no puede ser biselada, cual es el hijo cuando no coincide con las consabidas expectativas narcisistas de la madre. No se trata, como puede verse, de un cuadro elegíaco: el niño que trae consigo las huellas de un destino adverso no es culpable de nada. Esta madre no lo idealiza ni, mucho menos, eleva a heroísmo su entrega. Más bien prefiere amar al hijo que parece un hijo perdido. No existe ninguna complacencia masoquista en la desgracia, sino una «punzada» que se repite cada vez que la mirada de la madre cae sobre su hijo:

Tú sabes lo que significa que tu mirada caiga en la persona más importante en tu vida, que es tu propia vida, y que sientas una punzada cada vez que lo haces y

44. Ibídem, p. 91.

luego vuelvas a buscarla y así sucesivamente [...]. Así es como yo lo busco por la casa, por las habitaciones, siguiendo las paredes coloradas lo busco con los ojos para volver a asegurarme de que existe el amor, y de que no es una cuestión abstracta, sino más bien el sentido de la carne y del aliento, y me lo encuentro de espaldas o sentado u oigo su paso renqueante que se aproxima, y mientras el oído y el ojo y la mente se alborozan, mientras me siento fundada y absoluta, una parte de mí precozmente separada que vuelve, en el mismo instante sufro.[45]

La espera no significa aquí únicamente saber permitir que el hijo sea, renunciar a su propiedad, dejar que se vaya. Si acaso, lo contrario: ¿podré de verdad dejar que se vaya, será libre de irse, será como todos los demás, sabrá existir sin la presencia constante de su madre? La discapacidad del hijo sitúa la espera de esta madre en el rincón de la angustia:

Tengo miedo a morir y a que no sea autosuficiente. Tengo miedo a morir demasiado pronto para que él entienda la muerte. Tengo miedo a que no se las apañe por sí solo, tengo miedo a que no lo amen a tiempo. [...] Y su vida sexual ¿la tendrá o será incompleta o maníaca o devastadora a fuerza de inyecciones de hormonas? ¿Y si no tiene pensión o indemnización? ¿Y si no sabe comprarse el pan y la leche? ¿Y si se olvida de lavarse y de vestirse? ¿Y si acaba siendo víctima de los demás? [...] Los demás empiezan desde cero, nosotros empezamos desde menos diez, desde el subsuelo. Estamos en desventaja.[46]

45. V. Parrella, *Tempo di imparare, op. cit.,* p.68.
46. Ibídem, p. 52.

Al igual que la adopción representa el modelo electivo del progenitor, puesto que demuestra que lo que constituye una madre o un padre no son ni el útero ni el espermatozoide, sino el acto simbólico que reconoce al hijo como propio, en esta discapacidad del hijo es la figura de la madre la que revela que su pregunta –¿Se las apañará sin mí? ¿Será autosuficiente?– no es más que la exasperación hiperbólica de la cuestión que recorre en realidad a toda madre y a todo padre: «¿Será la suya una vida feliz?» Con el añadido de que ninguna madre ni ningún padre –ni siquiera los más genuinamente amorosos– pueden dar una respuesta definitiva a esa pregunta.

Los cuidados

En una brevísima nota sobre el niño retoma Lacan la figura del amor por el nombre desde otro punto de vista.[47]

La diferencia entre la vida animal y la vida humana no atañe en realidad a la necesidad de la presencia del Otro. También los animales cogen cariño y estrechan lazos con sus amos compartiendo penas y alegrías. La diferencia que separa la vida humana de la vida animal es que para la vida humana la condición de los vínculos con el Otro está constituida por la existencia del lenguaje que determina la pérdida de la posibilidad de acceso a la Cosa del goce. La vida animal, por el contrario, no puede tener pensamiento ni experiencia de la pérdida, dado que su mundo está sofocado por la inmediatez pura del instinto y por la satis-

---

47. Véase J. Lacan, «Nota sul bambino», en *Altri scritti*, Einaudi, Turín, 2013 [trad. esp.: «Nota sobre el niño», en *Otros escritos*, Paidós, Buenos Aires, 2012].

facción de las necesidades básicas. De manera distinta, la vida humana, que va surgiendo en el campo del lenguaje, se ve impulsada por una trascendencia –la del deseo– que perturba y trastoca el plan de la satisfacción de las necesidades. Mientras que la vida animal está programada por la constancia del instinto natural, la vida humana, suspendida en su déficit de instinto, precaria, es arrojada a las redes del lenguaje donde la satisfacción del deseo se ve obligada a seguir caminos más tortuosos que los que satisfacen las necesidades que se denominan básicas.

La vida que se rige por el instinto es vida sin herencia o, si se prefiere, vida que reduce la herencia a fenómeno biológico, a la adquisición de genes e instintos. Esta vida no puede entender lo que realmente está en juego al heredar: la transmisión simbólica de la facultad del deseo de una generación a otra. La vida humana se genera solo a través de la subjetivación de su procedencia desde el Otro, solo constituyéndose como capaz de heredar. Si el proceso de humanización coincide con el de la herencia, este tiene como condición esencial que el hijo pueda encontrar en el campo del Otro –como precisa Lacan– «un deseo que no sea anónimo».[48] Eso significa que, sin la presencia de alguien que sepa regalar este deseo, no hay herencia simbólica posible. Nos hallamos aquí ante la raíz más profunda de la función materna y de su legado: el deseo de la madre no es un deseo anónimo, sino un deseo capaz de transmitir el deseo.

La potencia fundamental del deseo de la madre puede inscribir la vida del hijo en el orden del sentido o en la insignificancia, puede esperar, querer, desear la vida que está en camino, o considerarla una enfermedad, un desastre, un

48. Ibídem, p. 367.

78

accidente que debería haberse evitado. Uno de mis pacientes con una severa adicción toxicómana refería siempre con horror las palabras con las que su madre había descrito su concepción: «Tu padre no fue capaz de contenerse, y yo no lo detuve a tiempo como debería haber hecho.»

En la perspectiva del psicoanálisis, las funciones de la madre y del padre no pueden ser abolidas por una referencia genérica a la condición de progenitor que anule la diferencia sustancial entre el papel materno y el paterno, reduciendo acaso estas funciones, como ocurre ya, a la definición anónima de un progenitor denominado 1 y un progenitor denominado 2.[49] Si la existencia de un deseo no-anónimo sigue siendo la condición esencial para la transmisión del deseo de una generación a otra, la declinación materna de este deseo es distinta a la del padre.

La función paterna transmite el significado humano de la Ley. El padre, escribe claramente Lacan, «es el vector de una encarnación de la Ley en el deseo».[50] Eso significa que su función no se limita a hacer existir la dimensión normativo-punitiva de Ley –el padre no es solo el símbolo de la Ley que veda el deseo incestuoso–, no solo autoriza el embridado disciplinario de las pulsiones, el sometimiento de la vida a la sanción de la Ley. Ningún padre digno de este nombre se identifica con la Ley. Como todos los seres que habitan el lenguaje, también el padre se somete a la Ley de

49. Una crítica persistente y pertinente de esta tendencia de nuestro tiempo a confundir las funciones paterna y materna con una apelación genérica a la condición de progenitor recorre la obra más reciente del psicoanalista belga Jean-Pierre Lebrun. Por ejemplo, *La perversion ordinaire. Vivre ensemble sans autri*, Denoël, París, 2007; *Fonction maternelle, fonction paternelle*, Fabert, Bruselas, 2011; *Les couleurs de l'inceste. Se déprendre du maternel*, Denoël, París, 2013.

50. J. Lacan, «Nota sul bambino», *op. cit.*, p. 367.

la castración, y su cometido consiste en mostrar, a través de su vida singular, cómo el deseo puede unirse generativamente, y no oponerse, a la Ley:[51] un padre no aplasta el deseo bajo el peso sacrificial de la Ley, sino que demuestra que existe una posible realización de la Ley *en el* deseo, una alianza fundamental entre la Ley de la castración y la fuerza del deseo. En palabras de Lacan, un padre sabe encarnar una versión singular de la Ley «*en el* deseo» y no de una Ley *contra* el deseo. *En el* deseo significa que el cometido de la función paterna no es simplemente vedar o prohibir el deseo, sino apoyar su vocación. Esta es la cuestión que la crítica antiedípica de Deleuze y Guattari no llega a captar: el padre, encarnando la Ley *en el* (en su) deseo, libera al sujeto del vínculo mortal con la Cosa del goce incestuoso, abriendo la fuerza del deseo a concatenaciones múltiples que ensanchan el horizonte del mundo.

¿Y la función materna? ¿Cuál es la manera materna de restituir el deseo no-anónimo? Para Lacan se expresa por encima de todo bajo la forma de un «interés particularizado» que dirige sus atenciones al niño.[52] ¿Qué significa eso? Significa que las manos de una madre saben acoger la singularidad insustituible e irrepetible del sujeto sin reducir sus cuidados a una serie de obligaciones ejercidas acaso con diligencia y precisión, pero sin deseo alguno. Significa ver en la función materna la expresión más pura de esa «gracia de la atención» que Simone Weil reconocía como

51. Véase J. Lacan, «Sovversione del soggetto e dialettica del desiderio», en *Scritti, op. cit.,* vol. II, p. 828 [trad. esp.: «Subversión del sujeto y dialéctica del deseo en el inconsciente freudiano», en *Escritos, op. cit.,* tomo 2]. He comentado ampliamente esta fórmula, en sus detalles, en mis obras *¿Qué queda del padre?, op. cit.,* y en *El complejo de Telémaco, op. cit.*

52. Véase J. Lacan, «Nota sul bambino», *op. cit.,* p. 367.

el arte de dejar espacio al carácter único del sujeto. La función materna no consiste, en efecto, en una atención que se «aplica» universalmente, sino en unos cuidados que sepan reconocer el valor del uno por uno, el carácter insustituible del hijo.

Ante la Ley de lo Universal, la atención materna objeta lo particular como irreductible, ante la doctrina ontológica de la verdad contrapone la idea de que no hay verdad que no esté en la persona, de que la verdad *es* la persona, de que está por entero *en la* persona; ante la dejadez de la vida atareada que prevalece en nuestro tiempo sabe hacer que exista una atención que valora la singularidad de la vida.

El problema no es corregir el comportamiento de las madres, sino verificar la existencia de un deseo no-anónimo, capaz de un «interés particularizado» por el propio hijo. La madre más diligente, más atenta y cuidadosa en el cumplimiento de sus tareas, pero carente de deseo puede suponer un encuentro mucho más perjudicial que el de una madre simplemente ausente. Las respuestas de la madre no son buenas porque correspondan a comportamientos correctos o incorrectos, sino porque son expresiones de su auténtico deseo. ¿Y cuál es la naturaleza fundamental de ese deseo? Mientras que el deseo del padre transmite, como hemos visto, el trauma de la Ley y la posibilidad de encarnar la Ley *en el* deseo, el deseo de la madre transmite *el sentimiento de la vida*.

En el «interés particularizado» de una madre no se expresa la omnipotencia materna, sino su carencia como ofrenda de amor. La madre sin carencias –la madre no castrada– es, por el contrario, una «madre-toda-madre», una madre que, al borrar la vida de la mujer, adquiere fatalmente los rasgos de un Otro omnipotente. Por esta razón, el deseo benéfico de la madre solo puede brotar de sus carencias.[53] La madre no posee al hijo, pero ama su nombre como indicio de una diferencia absoluta que resiste a toda universalización anónima. Desear tener un hijo a toda costa no expresa en absoluto este amor, sino una perversión específica de este, o más bien su «*merversion*».[54] en lugar de ser el indicio de una trascendencia –la metáfora del amor entre los Dos–, el hijo se convierte en un objeto que niega toda trascendencia; en lugar de llenar las carencias de la madre –como ocurre con cualquier hijo lo suficientemente amado–, aspira a negar toda carencia, a evitar la experiencia de la pérdida tanto al niño como a la madre.[55]

Mientras que la función paterna pone en conexión el deseo con la ley –encarna la Ley *en el* deseo–, la función materna conjuga el deseo con el detalle insustituible del nombre, une el deseo no a la Ley, sino a la vida. La lección de la maternidad es la lección de unos cuidados que prescinden de la Ley de lo universal –los cuidados maternos son unos cuidados que no responden a ningún finalismo, a ningún espejismo de eficiencia– porque saben dejar sitio a la excepción de lo particular.

En una época en la que, en todos los niveles de nuestra vida individual y colectiva, domina una aceleración del tiempo que parece hacer desfallecer todo «interés particu-

53. Ibídem: «Sus cuidados [los de madre] llevan la marca de un interés particularizado, aunque solo sea por la vía de sus propias carencias.»

54. La expresión es de Jean-Pierre Lebrun. La lengua francesa hace posible este neologismo que combina en una sola palabra la referencia a la madre y a la perversión. Véase J.-P. Lebrun, *La perversion ordinaire, op. cit.,* p. 261.

55. Véase J.-P. Lebrun, *Fonction maternelle, fonction paternelle, op. cit.,* p. 51.

larizado», la lección de la maternidad pone de relieve, por el contrario, la centralidad del rasgo singular y, por ello, jamás ideal del sujeto. El amor materno, si es amor por el nombre, nunca es amor por una representación ideal del hijo, sino más bien amor por sus irregularidades, y amor por sus torceduras. Un famoso dicho napolitano nos lo recuerda eficazmente: «*Ogni scarrafone è bello a mamma sua*» (Hasta una cucaracha le parece hermosa a su mamá).

En la particularización de las atenciones podemos ver la diferencia que separa el pecho como objeto que alimenta la vida del pecho como signo del amor. Ya lo hemos visto: es el seno-signo que, superponiéndose al seno-objeto, alimenta la vida del niño reconociéndole un valor insustituible. Este reconocimiento realiza ya una separación del niño como objeto de goce de la madre del niño como sujeto del deseo materno. Es el «interés particularizado» de la madre lo que hace la vida de su hijo inapropiable. El hijo que la madre genera no es de la madre, no es mío, no es como yo, no es como me lo esperaba, no es como sus hermanos o sus hermanas, no es como ninguna otra existencia en el mundo. Una trascendencia absoluta –la de hijo– emerge en la más profunda inmanencia.

La trascendencia

El icono cristiano de la Virgen María ha ofrecido una representación simbólica de la madre que la cultura patriarcal ha doblegado para su propio uso y consumo poniendo énfasis por encima de todo en su oposición a la figura tentadora de Eva y en su naturaleza dolorosa y sacrificial. Es la imagen catequética de la Virgen, cuyo corazón se nos muestra desgarrado y atravesado por una miríada de espa-

83

das. Desde mi punto de vista, la enseñanza de la figura de María es muy distinta. Me indica que el mundo materno nunca es un mundo cerrado a la espera de ser abierto, no es un mundo encerrado en su mundo. Al contrario, el misterio de la maternidad de María –madre y virgen, pero, ante todo, madre «humana» del hijo de Dios– nos señala cómo custodia la maternidad la presencia de una trascendencia absoluta, cómo toda madre está llamada a experimentar una trascendencia que proviene de lo más íntimo de su cuerpo.

En María el acontecimiento de la generación no puede dar lugar a una apropiación, dado que la trascendencia del hijo –siendo hijo de Dios– es irreductiblemente absoluta. Si bien es cierto que esa trascendencia hallará en el padre y en el lenguaje su plena realización –en la medida en que en el padre el cuerpo, el vientre, las manos y las vísceras dejan paso a la palabra, la presencia a la ausencia, la naturaleza a la cultura y la relación entre dos a la triangulación simbólica que no tiene ya como pivote el cuerpo a cuerpo entre madre e hijo sino el lenguaje como estructura de separación–, no es menos cierto que esa trascendencia está ya anunciada por entero en la maternidad.

La figura de María –madre humana de Cristo– se nos muestra por encima de todo como una gran figura de la espera, capaz de recibir una anunciación paradójica: acoger en su cuerpo de mujer joven (virgen) al hijo de Dios. Aquel que llevo conmigo y que vive de mí y que espero que salga a la luz (inmanencia absoluta) es el Otro, absolutamente Otro respecto a mí y a todas las expectativas que lo han rodeado (trascendencia absoluta). He aquí la cuestión que encontramos en toda experiencia de maternidad: *absoluta inmanencia* y *absoluta trascendencia*. Es también un milagro fisiológico que la ciencia médica conoce bien: la existencia del feto conlleva la reducción de la agresividad identitaria del sistema inmunitario. En vez de expulsar al intruso —como tendería a hacer la activación de las defensas naturales del sistema inmunológico—, el cuerpo de la madre custodia el cuerpo extraño del hijo.

En este sentido, María es el paradigma más puro del misterio de la maternidad: contener en sí misma el misterio de una desmesura, de una imposibilidad, de un acontecimiento que no puede explicarse nunca del todo, llevar en su seno al hijo de Dios, custodiar un excedente, contener en el reducido espacio de su propio vientre, tan diminuto, la desproporción de lo absoluto, el adviento de Dios en el mundo, el acontecimiento destinado a cambiar el mundo para siempre. ¿Pero acaso no ocurre siempre así, una y otra vez, para cada madre? ¿No es el misterio de María un misterio que se repite infinitamente en toda maternidad? ¿No es llamada toda madre a dar su propio cuerpo a una vida que no podrá imaginar, prever, definir y que debe necesariamente perder?

El profundo nexo entre la maternidad y la necesidad de la pérdida está claramente presente en el relato bíblico del sacrificio de Isaac. En su centro no se halla en realidad un Dios despiadado que impone la absurda muerte del hijo más amado para poner a prueba la fe de su padre y de su madre, sino la necesidad de que los padres, Abraham y Sara, den su consentimiento a la pérdida del hijo, a su abandono, a su sacrificio para permitirle que se emancipe de los vínculos familiares y pueda encontrar su lugar en el mundo.

Es el regalo más grande que un padre y una madre pueden hacer: donar la libertad, ser capaces de dejar que sus propios hijos se vayan, sacrificar toda propiedad sobre ellos. En el momento en que la vida crece y quiere ser libre más allá de los estrechos confines de la familia, la tarea de una madre y un padre es dejar marchar a sus hijos, saber perderlos, ser capaces de abandonarlos. Esto es, desde mi punto de vista, el núcleo más profundo de la escena del sacrificio de Isaac: al hijo más amado, al más esperado, al más deseado, al hijo de la promesa, hay que dejarlo marchar, no es su vida la que debe ser sacrificada, sino su propiedad.

No es pues secundario que, en el relato bíblico, Sara, la madre de Isaac, muera justo cuando el hijo es liberado de las ataduras que lo sujetaban como cordero sacrificial sobre el monte Moriá y puede por fin emprender su propio camino, que es, por encima de todo, el de poder convertirse en un hombre al lado de una mujer que no sea su madre. Por un lado, la entrega amorosa hacia su hijo, por otro, la disponibilidad a perderlo. Aquí están las dos vertientes en las que se divide el ser de la madre. Sara está dispuesta a perder al hijo más deseado, más esperado, más amado.

El sacrificio del hijo coincide en el relato bíblico con la muerte de la madre. La muerte de Sara puede leerse como el efecto traumático del dolor que le ha causado la pérdida *del* hijo, pero puede verse también en esa muerte la despedida simbólica *de su* hijo, la separación que lo vuelve ajeno a ella misma para siempre, pese a haberlo generado en sus vísceras. Es la trascendencia del hijo que, como bien había visto Hegel, sanciona la muerte del padre. Sara ruega para poder sustituir al hijo en su sacrificio, no quiere resignarse a su pérdida. Desde el punto de vista simbólico, Sara carga sobre sus espaldas con la violencia y el destino de la separación que marca la relación entre madre e hijo. Solo en este sentido puede cargar con la muerte del otro, puede retirarse, mientras que el otro –el hijo– puede liberarse por fin de los lazos que lo vinculan a la familia. Lo que aquí es sacrificado no es el hijo en realidad, sino el «sacrificio» del hijo, su dependencia de los lazos familiares primarios.

El hijo que Abraham y Sara reciben como regalo divino, el hijo más amado, el esperado, el hijo imposible, es también aquel que hace más difícil su pérdida. Es el centro ético del llamado sacrificio de Isaac: Abraham y Sara saben renunciar a la propiedad del hijo, saben separarse de él, saben perderlo. ¿Pero acaso no es el último regalo de una madre el abandono, el dejarle marchar, la pérdida del hijo? El apego a la vida es superado por otra Ley que expone al hijo y a sus padres a una pérdida irreversible. Sucede así también en las páginas finales de *La carretera* de McCarthy, donde el padre agonizante deja que su hijo se vaya, exige su despedida, su abandono. Una vez que bajan del monte del sacrificio, los caminos de padre e hijo se separan. El vínculo de la madre con su hijo se ha roto por fin; Isaac puede dirigirse hacia su propia mujer. Solo el matrimonio del hijo será lo que vuelva a lanzar el sentido de la promesa hacia delante.

Como en el caso de Sara, también la enseñanza de María implica que el hijo nunca puede ser propiedad de la madre. La inmanencia absoluta del vientre, de las vísceras, de la sangre, del calor del cuerpo es una llamada para acoger la vida como emblema de trascendencia absoluta, como acontecimiento irreductible a toda previsión, ajeno a toda vida que ya exista. Pero, sobre todo, el hijo que nace, que viene al mundo, que comienza, que empieza a vivir, ¿no trastoca para siempre el orden del mundo que, a ojos de toda madre, nunca podrá volver a ser el mismo que antes? ¿No está obligada María, como cualquier madre, a exponerse a una generación de la que no es dueña, a un acontecimiento que la supera, la desborda, y sobre todo la obliga a *descentrarse* de sí misma? ¿No está llamada María –la madre de hijo de Dios– a recibir, sin oponer resistencia, la vida en cuanto vida humana, la vida del hijo que no le pertenece y que está destinada a cambiar para siempre el sentido del mundo? ¿No debería ella, María, madre de Dios, atesorar experiencia de una entrega absoluta? ¿Y no se produce, acaso, en cada experiencia de maternidad, una anunciación, la espera de un acontecimiento nuevo, la experiencia de la vida que comienza, de la vida que surge de la vida y que no podrá encontrar jamás ningún modelo en lo que ya existe, que no es réplica analógica de nada, de ninguna existencia que esté ya en el mundo? Ya lo hemos visto: el nacimiento de un hijo no consiste solo en la llegada al mundo de alguien a quien estábamos esperando, sino que trae consigo la transformación del mundo tal como era antes, hace posible otro mundo respecto al mundo que ya conocíamos.

2. LA SOMBRA DE LA MADRE

Las dos madres y el juicio de Salomón

En un célebre relato bíblico, dos madres recurren al juicio del rey Salomón para determinar a quién pertenece el hijo recién nacido que ambas reclaman como «suyo».[1]

No se nos puede escapar el evidente carácter especular de estas dos figuras: dos prostitutas, dos conocidas que viven en la misma casa y que han concebido un hijo en los mismos días. Ambas reclaman el derecho a ser la madre del niño que todavía está vivo acusándose mutuamente de haber asfixiado a su propio hijo durante la noche, de no haber tenido el suficiente cuidado y de haber cambiado, a continuación, al niño muerto por el niño aún vivo. Las dos mujeres, de hecho, se nos aparecen como dos protagonistas indistintas, una suerte de único cuerpo con dos cabezas. Es evidente: estas dos madres están ante un espejo, *son una sola madre* o, más bien, señalan la dimensión contradictoria de la maternidad como tal. Esta es mi propuesta de lectura.

1. 1 Reyes 3, 16-28.

89

No es casualidad que, en sus acusaciones mutuas, aparezca en primer plano un exceso de presencia materna: una de las dos madres se «acuesta» al parecer sobre su hijo, ahogándolo.[2] Con ello se señala cómo la madre que se excede en la protección de la vida de su hijo se convierte fatalmente en causa de su muerte. Es una enseñanza machacona que volvemos a encontrar en los Evangelios sobre todo cuando, en los distintos «milagros» de resurrección, Jesús devuelve a la vida a hijos e hijas enjaulados por lazos familiares demasiado apretados y sofocantes,[3] actuando –lo afirma él mismo– como una «espada» que separa al hijo de su madre («No he venido a traer paz, sino espada. Sí, he venido a enfrentar al hombre con su padre, a la hija con su madre»)[4] y que, emancipando el proceso de filiación de toda base biológica-natural evidente («¿Quién es mi madre y quiénes son mis hermanos?»),[5] libera el deseo del sujeto de las expectativas de los Otros, la vida del recinto cerrado de lo familiar para hacerla realmente viva y generativa.

Las dos mujeres, decíamos, reclaman la posesión del niño que sigue vivo lanzando hacia la otra la responsabili-

2. En su lectura de esta escena bíblica, André Wénin hace notar cómo «la expresión "acostada sobre" –cuando es sabido que el mismo verbo *shakab*, seguido de la proposición "con", indica la relación sexual– podría ser una alusión a alguna relación de tipo incestuoso que pesa "sobre el" niño hasta el punto de impedirle vivir», A. Wénin, *Il bambino conteso. Storia biblica di due donne e un re*, Edb, Bolonia, 2014, p. 22.

3. Véase sobre este aspecto la notable lectura de F. Dolto, *I Vangeli alla luce della psicoanalisi. La liberazione del desiderio*, et al., Milán, 2012 [trad. esp.: *El Evangelio ante el psicoanálisis*, trad. de E. de Merlo, Cristiandad, Madrid, 1979].

4. Mateo 10, 34-35.

5. Mateo 12, 48.

dad de la muerte del otro niño. Cada uno reivindica a su propio hijo como «vivo» y al hijo de la otra como «muerto». Pero ¿quién es la verdadera madre? En el relato bíblico las dos madres se enfrentan como si estuvieran ofuscadas, incapaces de ver que una es la representación especular de la otra. Por un lado, está la madre que utiliza a su propio hijo como si fuera un objeto, la madre como pulsión tan ávida que no está dispuesta a renunciar a nada, a perder nada, por lo que vive la maternidad como un ejercicio de propiedad; por otro lado, está la madre del regalo, la que sabe cómo regalar su propia ausencia y sus propias carencias, la que para asegurar la vida del hijo sabe perderlo.

Estas dos madres no son realmente dos madres, sino que más bien indican un desdoblamiento interno de la experiencia misma de la maternidad, que está constituida precisamente por la oscilación entre el goce del hijo, su apropiación y la separación, el regalo de la pérdida, el reconocimiento del hijo como vida ajena, como alteridad irreductible; entre la pulsión de muerte y la pulsión de vida, entre el impulso de poseer la vida mortificándola y el de dejar que se marche la vida que se ha generado. Solo la intervención del Nombre del Padre –encarnado en el juicio por Salomón y por su espada– es aquí capaz de liberar al niño del abrazo mortal de la madre.

En el mundo de estas dos mujeres parece ausente toda referencia a un tercero. Siendo dos prostitutas, las dos mujeres viven autónomamente, sin referirse a un marido o a un padre, ostentando la propiedad exclusiva de su criatura. La indicación bíblica es aquí psicoanalíticamente precisa: es necesario el juicio de un tercero –el Nombre del Padre– para romper la omnipotencia imaginaria de la madre, para empujarla a reconocer la radical libertad de su hijo y, en consecuencia, la imposibilidad de apropiarse de lo que ella misma ha generado. Es la reputación que rodea al rey Salomón, quien sabe distinguir el bien del mal, sabe desenmarañar la verdad de la mentira, sabe discriminar la vida de la muerte.

A través de una audaz estratagema, desenmascara a la madre que miente haciendo que se traicione: requiere una espada para separar al niño en dos partes y dar una a cada una de las dos mujeres: «Traedme una espada. [...] Cortad al niño vivo en dos partes y dad mitad a una y mitad a la otra.»[6] Solo frente a la posibilidad de la muerte real del hijo una de las dos madres cede, declarándose dispuesta a renunciar al reconocimiento de la propiedad del hijo para salvaguardar su vida. Está dispuesta a perder a su propio hijo con tal de que pueda vivir su vida. ¿No es este acaso el acto que decide sin lugar a dudas la identidad de la verdadera madre? Solo la que sabe perder lo que ha concebido puede ser una auténtica madre. Esta es, de hecho, la mayor prueba que le espera a toda madre: dejar marchar a su hijo después de haberlo engendrado y atendido, regalarle la libertad como señal de amor. La otra madre, incapaz de subjetivar esta pérdida, permanece encerrada en una envidia estéril, y quedaría satisfecha con tener incluso una parte muerta del hijo con tal de no dejar de poseerlo.

¿Qué nos enseña esta historia? No solo que la diferencia entre las dos madres atañe a la sutil relación entre la generación y la libertad, es decir, discierne el acto simbólico de la generación materna de la adquisición de un derecho de propiedad sobre el hijo, sino que muestra cómo todo hijo debe hacer frente siempre a dos madres. En esta historia se cuenta, mucho antes de Freud y Lacan, la división que recorre la experiencia de la maternidad en cuanto

6. 1 Reyes 3, 24-25.

tal. Toda madre lleva consigo a la madre dispuesta a desprenderse por amor de su propio fruto y a la madre que reclama por el contrario su derecho a la posesión exclusiva de aquel a quien ha generado. Estas dos mujeres son, pues, dos caras de la misma madre. Salomón es convocado, más que para identificar a un culpable, para disolver la especularidad imaginaria que confunde a las dos madres dando prioridad a la madre que dona la vida sobre la que dona la muerte. Su juicio tiene la naturaleza crística de un corte simbólico que quiere poner de manifiesto la diferencia entre las dos madres y salvar de esta manera al niño del sofocamiento al que corre el riesgo de ser destinado.

Al invocar una espada para cortar al niño en dos, Salomón –como ocurre con el trabajo del psicoanalista– desvela el fantasma perverso que preside la maternidad patológica: poseer, devorar, sofocar a su hijo, reducirlo a objeto de su propio goce. Frente a la decisión del rey solo una de las dos madres se siente temblar («se le conmovieron las entrañas –"útero" en hebreo–»), mientras que la otra invoca la muerte como solución: «Ni para mí ni para ti.»[7] Solo una de las dos atesora experiencia de la maternidad como regalo, pérdida, carencia, solo una de las dos está dispuesta a renunciar a sus ansias caníbales para dejar que el niño viva. Es la madre que sabe renunciar a su propio impulso de posesión ávida para salvar la vida de su hijo. El niño ya no le pertenece, no es un objeto, no es un apéndice suyo. Al contrario, el hijo ha sido definido solo como aquel que ha sido generado –el «que yo había parido»–,[8] es decir, como aquel que ha salido a la luz del mundo, aquel que ha adquirido vida propia. Entregar a un hijo a otra madre

7. 1 Reyes 3, 26.
8. 1 Reyes 3, 21.

significa optar –como hicieron también, por ejemplo, Abraham y Sara con Isaac– por la *propia muerte,* por la renuncia a la posesión del hijo más amado, del hijo de la promesa, para dejar que el hijo se marche, teniendo fe en la fuerza de su deseo. Este es, sin duda, uno de los regalos y de las alegrías mayores de la maternidad.

En el relato bíblico del juicio del rey Salomón, el hecho de que sobre la madre que hubiera preferido que la espada del rey cortara en dos al niño antes de perderlo no recaiga castigo alguno no se limita a poner de relieve la intención no moralista en absoluto de la narración, sino que destaca que esta madre representa a todos los efectos una tendencia interna de la maternidad. Esta madre insiste obstinada –hasta la muerte– en su reivindicación, según la cual prevalece la necesidad de posesión del hijo frente al interés, a fondo perdido, por su vida libre. Es, como veremos más adelante, la madre boca-de-cocodrilo de la que habla Lacan; es la madre que, en lugar de dejar marchar a su hijo, querría devorarlo. Por el contrario, la madre que sabe renunciar a la propiedad de su hijo es la madre que le devuelve una segunda vida aparte de la que viene al mundo a través del acontecimiento del parto.

La decisión de Sophie de Alan J. Pakula (1982), inspirada en la novela de William Styron, ofrece una variación particular sobre este tema. La protagonista de la película ha de enfrentarse a una elección realmente imposible. Aquí no son ya dos las madres sino los hijos, y la madre es obligada por un oficial nazi en un campo de exterminio a salvar a uno solo. La elección de esta madre es inevitable porque, si se negara a elegir a uno, sus hijos acabarían muriendo ambos en las cámaras de gas. La madre decide salvar la vida de su hijo más joven, pero no podrá liberarse de sus sentimientos de culpa por tal elección y acabará

94

suicidándose, desgarrada una vez más por una elección de amor que no es capaz de hacer entre un joven escritor que la corteja delicadamente y un alcohólico psicótico a quien debe la vida. El dramatismo de esta situación estriba en que se ha invertido la figura de la madre como generadora de vida en la de la madre como factor de muerte. El elemento escabroso que emerge a plena luz es que hubo en verdad un tiempo en el que la madre tenía derecho de vida y muerte sobre sus hijos. El oficial nazi devuelve a Sophie a esta condición originaria imponiéndole que la aplique; esto es lo que resulta tan atroz y roza los límites de lo impensable.

Desear tener un hijo

Para ser madre no es suficiente con poner a disposición el cuerpo –el útero–, sino que es necesario un «¡sí!» radical, una apertura del propio ser, una aceptación sin reservas de la vida que se espera. Sin ese «¡sí!» primario, que puede manifestarse incluso con carácter retroactivo después del nacimiento del niño, la vida no encuentra hospitalidad y viene al mundo mutilada, disociada del sentido, expuesta a una sensación generalizada de superficialidad y de insensatez. Es ese «sí» lo que le falta a la madre que reclama el derecho de propiedad –de vida y de muerte– sobre su propio hijo y que el texto bíblico ha descrito de manera tan eficaz. Es la madre que prefiere la muerte de su hijo a su pérdida, considerándolo una extensión de su propio cuerpo. El deseo de la madre «suficientemente buena», en cambio, es tal cuando sabe «adoptar» simbólicamente la vida del hijo; es la dimensión ahuecada, receptiva, virtuosamente pasiva del deseo de la madre, abierto

–como muestra el símbolo cristiano de la Virgen María– a la visitación sorprendente, a la venida del Otro del que no puede saberse nada.

En este sentido, el deseo de la madre no puede quedar reducido al «querer tener un hijo»; no es una búsqueda espasmódicamente activa del hijo, sino una disposición a la espera. Mientras que querer tener un hijo, acaso a toda costa, alude a un fantasma de apropiación, desear un hijo se nutre ya desde su primer acto de la alteridad del hijo. Si el deseo de la madre quiere la alteridad del hijo hasta en sus más mínimos detalles, eso significa que la separación ya está contemplada en el mismo acto de la generación.

Si hubo un tiempo en el que el problema era el de separar la sexualidad de la necesidad de reproducción, contrarrestando una ideología represiva que enlazaba dogmáticamente lo uno con lo otro, el problema hoy en día parece haberse invertido: ¿resulta posible procrear prescindiendo del ejercicio de la sexualidad y, sobre todo, del encuentro amoroso? En nuestro tiempo, en efecto, se sostiene que la sexualidad puede sortearse gracias a los progresos de los descubrimientos científicos en el campo de la reproducción. La llamada maternidad responsable corre el riesgo de negar el hecho de que un hijo nunca puede ser la emanación o reproducción del Uno, sino que siempre es el fruto del Dos.

La clínica psicoanalítica de la esterilidad de origen psicogénico ilustra con mucha eficacia la importancia de la disponibilidad de una mujer para consentir su condición de madre. En muchos casos de mujeres que han vivido problemáticamente las dificultades de quedarse embarazadas, ocurre de modo muy significativo que solo cuando dejan de buscar ansiosamente al hijo puede suceder que lo conciban.

Una paciente mía que llevaba años buscando la maternidad sin éxito no fue capaz de reconocer hasta determinado momento de su análisis que el carácter imperativo con el que vivía esa búsqueda se debía a su necesidad de satisfacer el deseo de su madre, viuda e infeliz, que ya no encontraba sentido alguno a su propia vida. Salvar a su madre de las tinieblas de la depresión era lo que impulsaba su afanosa búsqueda de un hijo. Solo la interrupción de esa presión de la exigencia del Otro le permitió volver a subjetivar creativamente su propio deseo de maternidad. La suspensión de la búsqueda a toda costa del hijo para salvar a su madre dio paso a una espera muy diferente que se resolvió felizmente con la llegada de una hermosa niña.

En otro caso, la tenaz persecución del hijo compensaba la ausencia de los vínculos de amor con el marido. El hijo había de ser el sustituto del falo del marido y la única manera de salvar un matrimonio que había nacido ya en crisis. La reformulación de la pregunta terapéutica de esta mujer (de «¿por qué no consigo quedarme embarazada pese a desearlo?» a «¿por qué quiero tener un hijo con un hombre al que ya no amo?») dio lugar a una separación matrimonial, como primer paso para reconocer que la inaccesibilidad a la posición de madre se debía al hecho de que en esa relación ocupaba la posición de hija de su marido y no de su mujer. En efecto, su decisión de casarse, después de un largo noviazgo, se debió a la prematura muerte de la madre; una especie de *acting-out* convertía un duelo imposible de realizar en una sustitución objetual; de los brazos de la madre a los de su marido como un sucedáneo de la madre muerta.

Por último, otra paciente, determinada a realizar su sueño de maternidad como culminación del amor que la unía a su pareja, se topaba con el enigma de un cuerpo sano que no conseguía concebir la vida. La historia de esta mujer había sido dominada por una madre que siempre la había subestimado, repitiéndole, como una sentencia, que «de ella nunca saldría nada bueno». Solo cuando decidió renunciar al *tour de force* de una búsqueda del hijo que no llegaba nunca, la angustia de la inadecuación que arrastraba consigo pareció aplacarse. Decidió entonces, junto con su compañero y animada por su analista, «adoptar» un gatito que encontró por la calle. La sentencia materna tuvo que ser rectificada: la atención y la ternura que experimentó al criar a ese cachorro permitió a la mujer verificar su capacidad de prestar los cuidados necesarios a la vida de otro. Después de menos de un año, se quedó embarazada.

La angustia materna

Sin el deseo de un hijo –sin su espera– la misma experiencia del embarazo puede connotarse de forma negativa. Era esa la vivencia intolerable que descargaba en cada sesión una paciente mía anoréxica que quiso ser madre con convicción. La experiencia de las transformaciones incontrolables que durante el embarazo modificaron la imagen de su cuerpo delgado, sin embargo, la expuso a la angustia más desconcertante. Su fantasía era la de abrirse el vientre y arrojarlo todo por la borda, la de librarse de aquel cuerpo que ahora vivía como algo ajeno: del suyo y del de su hijo que vivía como un intruso amenazador que, al invadir su cuerpo, lo había vuelto extraño para sí misma. En el curso del análisis yo recibía sus llamadas telefónicas alarmadas, rebosantes de angustia: «¡No aguanto más, tengo que abrirme la barriga! ¡Tengo que librarme de él!»

En este caso el niño colma indudablemente a la madre, pero de una forma que acaba por sofocarla. De lo que se carece aquí es de la carencia, como diría Lacan; falta la distancia necesaria que es condición indispensable para que pueda elevarse el deseo. La plenitud del embarazo se compara con un atracón del que no se puede uno liberar, porque ni siquiera hay posibilidad de recurrir al vómito. El feto se vive como un parásito que habita en un lugar que, por el contrario, debería estar vacío. Mientras que en el curso de su anorexia era la comida la que penetraba en su cuerpo para encarnar el objeto malo, ahora en cambio era el niño que llevaba en su vientre el que impulsaba sus fantasmas persecutorios.

No estamos ante un caso de psicosis, sino ante un fracaso de la subjetivación simbólica de la maternidad. La madre de esta mujer siempre la ponía en guardia sobre la posibilidad de quedar embarazada, ofreciendo a la hija una versión exclusivamente culpabilizadora y deplorable de la sexualidad («El sexo es cosa de animales; ¡aléjate todo lo que puedas de él!»). En las dificultades de la paciente para entablar un contacto fructífero con su embarazo reaparece —ulteriormente dilatada y potenciada— la severidad del juicio materno, del que había intentado separarse a través de la anorexia. La sombra más arcaica del Superyó cae sobre el sujeto acentuando sus dificultades para integrar el cuerpo pulsional en una imagen de sí misma lo suficientemente amable. Las inevitables deformaciones impuestas por el embarazo parecen traducir en el cuerpo del sujeto el veredicto materno: la monstruosidad del cuerpo deformado refleja la monstruosidad de la sexualidad a ojos de su madre.

En este caso, como en muchos otros análogos, referirse a la naturaleza del instinto maternal no puede explicar la inclinación de diferentes madres a vivir su embarazo como una experiencia impregnada de angustia. Lacan habla del niño a este propósito como de una «aparición de lo real».[9] Eso significa que toda madre se topa con un cuerpo —el del niño recién nacido— que no obedece, que rechaza las prácticas necesarias para su civilización, insubordinándose ante las limitaciones; un cuerpo caprichoso, vociferante, maloliente, ingobernable, perverso-polimorfo como diría Freud, un cuerpo real que excede el orden de lo simbólico. Este encuentro nunca está exento de ciertas dosis de angustia.

«Verme obligada a escuchar el llanto de mi hijo es como tener un taladro en la cabeza», declaraba una joven madre después del parto y después de un insomnio que la acompañaba desde hacía semanas. El grito inquieto de este niño no se aplaca gracias a la presencia amorosa de su madre, sino que parece imposible de calmar. Es una experiencia que toda madre conoce bien: el cuerpo del niño nunca es un cuerpo que acepte sin resistencia la regulación pulsional. Se estira, grita, chilla, reclama, exige, se muestra intratable. La angustia materna halla aquí un punto privilegiado de sublevación: ¿qué hago con este niño que se me escapa por todas partes? ¿Qué puedo hacer yo, qué más quiere de mí? Es evidente que no es solo el Otro materno el que constituye para el niño la sede de un enigma indescifrable («¿Qué quiere mi madre de mí?»), sino que es el mismo niño el que se convierte en el objeto de la angustia de su madre («¿Qué quiere mi hijo de mí?»).

Se eleva aquí con prepotencia la figura de la madre de la madre y la necesidad —con el fin de que pueda tener lugar un acceso positivo a la maternidad— de que el vínculo

9. J. Lacan, «Nota sul bambino», *op. cit.,* p. 368.

con la propia madre haya sido cercenado simbólicamente. Para convertirse realmente en madre una mujer no puede seguir siendo hija. El juicio mediante el cual una madre puede dar muestras de no tolerar la imperfección de su hijo —su no-coincidencia con el hijo imaginado, con lo que Silvia Vegetti Finzi define como el «niño de la noche»—, hasta la situación extrema de suprimir su vida, a menudo refleja el juicio severo de su propia madre, del que a su vez ha sido víctima.

La voluntad narcisista de tener un hijo ideal, perfecto, coincidente con el hijo imaginado, con el niño de la noche, no puede aceptar los límites resultantes de la existencia real, y por lo tanto necesariamente imperfecta, del hijo. El amor materno deja, en estos casos, el lugar a su transfiguración perversa: la alegría de la maternidad ya no es la de *dar* la vida, sino solo la de *tener* un hijo-ideal para reflejar en la imagen del hijo su propia imagen narcisista. Muchas de las llamadas depresiones «posparto» hablan precisamente de este rechazo del niño real frente a la representación idealizada del niño imaginario que puede hallar su manifestación más cruel en el paso al acto del infanticidio.

La alegría de la maternidad consiste en prestar su propio cuerpo con el fin de que sea habitado por una alteridad que lo trasciende. Pero esta alteridad es la del hijo como existencia real y pulsional, irreductible a todas las imágenes que pretenden representarlo y a las reglas simbólicas que pretenden educarlo. La maternidad impone una descentralización del propio ser sin la que no es posible ofrecer hospitalidad alguna. Esta descentralización concierne a la asunción por parte de la madre de su propia castración. De lo contrario, el hijo podría aparecer como un robo de su propio cuerpo o simplemente como su prolongación narcisista.

La ebriedad de ser Dos en Uno no decae en el naufragio subjetivo y en la desesperación solo si el niño es fruto de un deseo que la madre puede realmente consentirse. De no ser así, este desdoblamiento no aparece como una experiencia radical del amor –dejarse habitar por una trascendencia, ofrecer el propio cuerpo al cuerpo del Otro–, sino como una pesadilla de la que se desea salir tan pronto como sea posible. Por ello, muchos infanticidios tienen como presupuesto un deseo de maternidad y un embarazo que no han sido lo suficientemente simbolizados. La maternidad como experiencia de descentralización de uno mismo en beneficio del Otro no se ha realizado y es rechazada con todas las fuerzas hasta desembocar en el gesto más extremo.

En las mujeres que asumen la maternidad en soledad, ajena a toda relación amorosa –como, por ejemplo, les ocurre a las dos madres del episodio bíblico del rey Salomón–, es mucho más probable que resulte dominante el impulso de «querer tener un hijo» respecto al deseo real de la maternidad. En estos casos, los hijos estarán más expuestos a convertirse en objetos exclusivos del goce de la madre. El cuerpo del niño, sus rasgos individuales, sus ojos, su pelo, sus pensamientos, su cuerpo entero no será en realidad emblema de la trascendencia de la vida del hijo, sino un objeto-fetiche poseído exclusivamente por la madre; en cambio, si el niño es una metáfora del amor de sus padres, si su existencia proviene del Dos del amor y no del Uno del goce, su ser en el mundo resultará más fácilmente vital y abierto a la contingencia ilimitada de la existencia.

La cultura patriarcal había otorgado a la mujer el destino de la maternidad como un destino ineludible y necesario. El instinto maternal sufragaba esta representación ideológica de la mujer alimentando la ilusión de una armonía preestablecida y natural entre madre e hijo. En realidad, la experiencia clínica demuestra la inexistencia o la total insuficiencia de este instinto para explicar los infinitos pliegues sintomáticos que puede adoptar la maternidad. El niño puede encarnar positivamente la metáfora del amor entre sus padres, pero también puede ser su descarte. Una cosa es segura: ningún niño podrá encarnar jamás la realización plena del niño ideal esperado en el periodo de la gestación; una brecha se abre siempre, insalvable, entre el niño de la noche y el niño del día:

> La disociación entre el niño imaginario y el niño real, entre vida y fantasía, hace que el hijo que ha nacido no coincida nunca completamente con el hijo esperado y que la llegada del niño del día desvanezca a su doble nocturno, con los inevitables efectos de melancolía que esto produce.[10]

Esta melancolía puede presentar, como es obvio, grados diferentes. Gennie Lemoine nos recuerda que, si la concepción alimenta por lo general un estado de euforia narcisista —la madre puede verse afectada por verdaderos «delirios de grandeza» y sentirse «Creador»—, después del parto la tendencia más común es la aparición de vivencias

10. S. Vegetti Finzi, *Il bambino della notte, op. cit.*, p. 180 [trad esp., p. 182].

depresivas que desgarran esa euforia.[11] El vientre materno ha cedido su contenido, se ha vaciado; es la primera experiencia de la pérdida que indica el final de una continuidad de los cuerpos y de un goce sin parangón de la madre; es una sustracción que recorre tanto el cuerpo como la mente e impone la alteridad y la trascendencia del hijo. Esta alteridad no solo puede ser fuente de alegría, sino estimular también fantasmas de insuficiencia y de indignidad, sometiendo a la madre a un sentimiento de insuficiencia frente a la absoluta condición inconciliable entre el recién nacido y el niño como objeto ideal, fálico, de su propio fantasma inconsciente.

La sensación de extrañeza con que una mujer, durante el embarazo o después del parto, puede percibir a su hijo resulta, desde este punto de vista, emblemática. En estos casos no se genera instinto materno alguno, sino más bien una ruptura de todo vínculo natural entre la madre y el hijo real:

> Esta condición real –la del hijo– que no es ya asimilable se presenta, por decirlo con exactitud, como un monstruo, como una cosa separada que se revela espantosa en su alteridad y agresividad, cuando hasta hace muy poco todavía era «inmanente» a la madre. [...] El hijo es, por excelencia, ese objeto que no está ni dentro ni fuera. [...] La separación ha acaecido y la inmanencia ha terminado; el hijo ha dejado de ser como el agua en el agua. Efectivamente, ha sido *traído al mundo*, está en el mundo, y desde allí amenaza hasta tal extremo el equilibrio de la puérpera que desencadena, en el mejor de los

11. Véase E. Lemoine-Luccioni, *Il taglio femminile, op. cit.,* pp. 42-54.

casos, depresiones leves, y en el peor de los casos, psicosis puerperales asociadas con deseos de asesinato.[12]

Después del parto, el cuerpo de la madre y el cuerpo
del niño real ya no viven en su sueño recíproco, sino que
se muestran como cuerpos extraños. El encuentro con la
trascendencia del hijo puede suponer tanto una alegría
como puede deslizarse también, sin embargo, hacia la ansiedad y la depresión o, como ha señalado perentoria Lemoine, incluso hacia el asesinato. En este último caso, el
impulso de matar al hijo es la extrema respuesta de la madre frente al tambaleo de su narcisismo: el hijo ya no es
suyo y no es el que ella hubiera querido que fuera. Si el
deseo de la madre no hace de su propio cuerpo y de sus
cuidados signos de su amor —signo del carácter insustituible del hijo—, la vida del niño se verá traumáticamente expuesta al encuentro prematuro y violento con el sinsentido del ser. Si la herencia materna atañe al derecho del hijo
a la vida, la alteración de ese legado implica, como primera consecuencia, la disociación de la vida de su sentido, la
ausencia del derecho a existir.

Es lo que le sucedió al pequeño Vincent van Gogh,
que vino al mundo cargando con el nombre de otro —del
hermano mayor—, que había muerto exactamente un año
antes. En este caso, el deseo de la madre no fecunda el
nombre propio con su levadura, sino que sitúa al ser del
pequeño Vincent II como una sombra, una réplica, una
mala copia de Vincent I, el niño que se ha convertido en
ideal al haber nacido muerto. El destino de Vincent van
Gogh se halla escrito por entero en esa ausencia de deseo
que rodeó el origen de su vida; su existencia no fue queri-

12. Ibídem, p. 45.

da como tal, sino solo como compensación de un luto materno –imposible de simbolizar– por el Vincent primogénito muerto. La suya no es la vida de un niño querido, deseado, sino la de un «niño sustituto».[13]

El niño no es aquí solo, como pensaba Freud, el objeto que salva a la mujer de su castración añadiendo valor narcisista a un cuerpo marcado por una castración real –la ausencia del pene–, no es el niño como equivalente o sustituto del falo, sino un objeto que, en lugar de resolver la castración, la revela con mayor crudeza aún. La angustia materna no se aplaca con la existencia del niño, sino todo lo contrario, se agrava, avivada precisamente por esa existencia. No es casualidad que los síntomas de los niños –especialmente aquellos que implican somatizaciones– revelen siempre una profunda conexión con la angustia materna: si el fantasma inconsciente de la madre tiende a convertir a una criatura de carne (el hijo) en una criatura imaginaria alimentada precisamente, de forma inconsciente, por su propio fantasma, puede suceder que el fantasma materno reduzca al hijo a mero sostén narcisista, al objeto que quisiera completar su carencia.

En este caso no nos hallamos frente al hijo-falo que, según la doctrina clásica de Freud, puede colmar la castración de la madre mediante la devolución del valor narcisista amenazado por la castración real de su cuerpo, sino ante un hijo que ha sido capturado, succionado, encarce-

13. Sobre estas cuestiones, véase M. Recalcati, *Melanconia e creazione in Vincent van Gogh*, Bollati Boringhieri, Turín, 2009. Recordemos que una de las definiciones más significativas del amor materno, que Eastwood ha esculpido con maestría en *El intercambio*, es precisamente el rechazo de toda sustitución, es amor por el nombre en su singularidad insustituible.

lado, convertido en puro objeto del fantasma materno. Aquí el niño no existe como sujeto, sino solo como objeto que sustenta el ser (y no el deseo) de la madre. Desde el punto de vista de fantasma materno, el hijo –como aclara Maud Mannoni– viene llamado de hecho a «desempeñar un papel que debe satisfacer las expectativas inconscientes de la madre. [...] Sin saberlo, está como *secuestrado en el deseo de la madre*».[14] Por esta razón, los síntomas del niño se hallan siempre en estrecha relación con la subjetividad inconsciente de la madre.

Es el caso de una de mis pacientes cuyo nacimiento fue vivido por su madre como un auténtico duelo: su deseo era el de tener un hijo varón. El desarrollo de un vitíligo particularmente invasivo tradujo directamente en el cuerpo de mi paciente la profunda decepción de su madre. Se sintió como un desecho, un error, una auténtica mancha, lo que se somatizó literalmente en el fenómeno del vitíligo.

En otro caso, una joven madre, que me había sido remitida por un dermatólogo a causa de una dermatitis particularmente grave que había afectado a su hijo de dos años de edad y que no respondía a ningún tratamiento farmacológico, se sentía profundamente escindida por la maternidad, que había tenido lugar en un momento decisivo de su carrera profesional, con grave riesgo de comprometerla. La dermatitis de su hijo señalaba las evidentes dificultades de esta madre para dedicarse con placer a sus cuidados. De esta manera extrema el hijo la vinculaba a él, imponiéndole un cuidado y una atención especiales, y al

14. M. Mannoni, *Il bambino ritardato e la madre*, Boringhieri, Turín, 1976, p. 77 (la cursiva es mía) [trad. esp.: *El niño retrasado y su madre*, trad. de Mariano de Andrés, Fax, Madrid, 1971].

mismo tiempo se mostraba como objeto-rechazo, como objeto-angustiante, rechazado por su madre.

Estos fenómenos se producen, en particular, cuando no existe la mediación paterna y el niño corre el riesgo de ser engullido por el deseo materno, perdiendo, como consecuencia, su estatuto de sujeto para convertirse ni más ni menos que en el objeto incestuoso de la madre. El niño no ocupa aquí el lugar del falo imaginario que compensa la verdadera castración de la madre, sino el del objeto de un goce exclusivo: «Solo yo», piensa el niño, «soy el objeto de tu deseo.» El deseo de la madre, que, como hemos visto, tiende hacia un más allá del niño, es absorbido así en un vínculo que aspira a consolidar toda carencia.

El goce de la madre puede alcanzar cumbres insondables, superando el encuentro sexual con el hombre, ya que, como ha señalado con lucidez Lacan, el niño ofrece a su madre lo que ningún sujeto masculino –excepto, quizá, ciertos psicóticos– es capaz de dedicar a su compañera. Mientras que un hombre ofrece a la mujer su propio falo, que no coincide en absoluto con su existencia, un niño –como solo llegan a hacer algunos psicóticos– puede ofrecer al Otro su propia existencia sin reserva alguna.

El rechazo de la madre

Para todas las madres el encuentro con su propio hijo no supone solo el encuentro con un elemento fálico que compensa su castración aliviando su herida narcisista (tesis freudiana), sino que es también el encuentro con algo que parece difícil de manejar, fuera de control, que obliga a chocar con un real pulsional inédito. El deseo de maternidad deja paso al rechazo de la maternidad. Se abre aquí un capítulo muy amplio y variado de las dificultades en la relación madre-hijo, en la que el infanticidio puede ser considerado la vertiente más extrema y dramática.

Veamos ahora algunos ejemplos clínicos emblemáticos: una mujer acude al análisis, puesto que está asustada por el impulso que siente de matar a su propio hijo de un año. La presencia de este hijo ha interrumpido una relación extraconyugal vivida con gran intensidad. De vuelta en el aburrimiento habitual que caracteriza su vida familiar, esta mujer ya no está dispuesta a vivir con un marido carente de vitalidad que le recuerda los rasgos más deprimentes de su padre. La agresividad dirigida hacia el niño hace las veces, en este caso, de una suerte de reclamación hacia su marido y de deseo de otra vida. Su no saber cómo tomar y manejar el cuerpo del niño y los pensamientos asesinos que desarrolla reflejan su profundo rechazo de la maternidad y, sobre todo, su dificultad para entablar relación con su propio ser pulsional. El niño, en efecto, la obliga a enfrentarse con ese ser que ella siempre ha tratado de excluir de su vida.

En otro caso, una joven madre siente el perturbador impulso de depositar a su hijo recién nacido en el congelador. En esta fantasía se pone en evidencia toda la ambivalencia que rodea su relación con el hijo: por un lado, le gustaría eliminarlo; por otra, al congelarlo, es como si quisiera mantenerlo a su lado para siempre, pero como algo muerto, no vivo, fácil de manejar. Se trata de una mujer que ha vivido el acceso a la sexualidad como un auténtico crimen en relación con su madre. Durante el embarazo quiso abortar y después del parto quería matar al recién nacido. También en este caso el niño encarna lo ingobernable de la pulsión que adquiere forma señalando

109

la «aparición de lo real», como diría Lacan, de la pulsión excluida del mundo de la madre y, en consecuencia, del suyo propio.

En otro caso, el de una mujer psicótica, el niño es visto como un cuerpo extraño en el propio cuerpo que toma voz; en efecto, una voz metálica hace su aparición durante el embarazo, junto con la idea delirante de llevar en el vientre un extraterrestre. La imposibilidad de simbolizar el tránsito de la maternidad —de hija a madre— implica un retorno a lo real de esa imposibilidad misma; su hijo no es suyo, sino que proviene de otro universo, es, literalmente, en su metáfora delirante, un extraterrestre que le ha sido implantado a sus espaldas.

En todos estos casos nos encontramos ante una angustia materna provocada por la relación con lo real del cuerpo del niño que no está domesticado por la equivalencia niño-falo. El arropamiento imaginario de la vida informe del niño parece fallar y el hijo emerge como puro real carente de sentido.

La «perversión primaria»

En la clínica de la psicosis el estatuto del niño-objeto emerge violentamente como una identificación totalizadora del niño en cuanto objeto del goce del Otro. Se trata de un efecto del no-funcionamiento de la metáfora paterna. La «perversión primaria», que según Lacan caracteriza la relación entre madre e hijo en las primeras etapas de recíproca fusión, cristaliza y el niño se convierte en el verdadero falo de la madre. Con todo, se trata de distinguir al niño como falo, totalmente narcisista, de la madre del niño como objeto exclusivo de su goce con el que pretende saturar por completo la carencia.[15] En el primer caso, el niño está al servicio del Otro materno en cuanto falo; en el segundo, en cambio, queda identificado por entero como objeto de su goce: devorado, rechazado, vivido como un objeto extraño o como objeto-desecho.

Esta distinción nos permite preservar la posibilidad de una relación materna con el niño en posición de objeto que no forme parte en sentido estricto de la clínica de la psicosis. El niño-falo no es el objeto exclusivo del goce de la madre, como ocurre en cambio en la psicosis, por más que se vea inevitablemente expuesto al narcisismo de su madre. Convergen en el niño, de hecho, todas las quimeras, los sueños y las expectativas de la madre. La identificación narcisista del niño con el falo se alimenta de esta dimensión fantástica. Lo que no significa, sin embargo, que el propio niño-falo pueda ser también para una madre el niño como objeto de goce.

En este caso, la diferencia estructural respecto a la psicosis —en la que el niño es identificado *en su integridad* con el objeto del goce— estriba en que el niño fluctúa entre ser tomado como un falo que satura el deseo de la madre (relación con el narcisismo de la madre) o como un objeto que condensa su goce (relación con la pulsión de la madre). A tal propósito, se aprecia perfectamente la función estructuradora de la metáfora paterna que no solo actúa sobre el impulso perverso del niño a fundirse con el cuerpo de la madre, sino también sobre la tendencia de la madre incestuosa a incorporar en ella a su hijo. Esto significa que impide al niño tener su propia madre y a la madre el tener su propio hijo.

15. Véase J. Lacan, *Il seminario. Libro V. Le formazioni dell'inconscio, op. cit.*, p. 201.

El goce de la madre

Ha sido ampliamente puesto de relieve el entramado entre las prácticas de la atención materna y ciertas dosis inevitables de excitación sexual que involucran al niño. El cuerpo manipulado, acariciado, alimentado, vestido del hijo es un cuerpo gozado por el Otro. Es un tema muy presente ya en Freud:

> El trato del niño con la persona que lo cuida es para él una fuente continua de excitación y de satisfacción sexuales a partir de las zonas erógenas, y tanto más por el hecho de que esa persona –por regla general, la madre– dirige hacia el niño sentimientos que brotan de su propia vida sexual, lo abraza, lo acaricia, lo besa y lo mece, y claramente lo toma como sustituto de un objeto sexual de pleno derecho.[16]

La madre no es solo la madre de la espera, del rostro, de las manos, del signo, no es solo la madre que ofrece a su propio hijo el regalo de su propia carencia –su «interés particularizado»–, sino que es también la madre que puede disfrutar de su hijo como si fuera un objeto sexual, es la madre como la encarnación de una voluntad de goce que rechaza la Ley de la castración.

Este goce contrasta con la representación de la madre como un contenedor afectivo saneado de fantasmas sexuales. Toda versión idealizada de la madre chirría con la presencia de un goce materno que constituye la herencia más

16. S. Freud, *Tre saggi sulla teoria sessuale,* en *Opere, op. cit.,* vol. IV, pp. 499-500 [trad. esp.: *Tres ensayos sobre teoría sexual,* trad. de Luis López-Ballesteros, Alianza, Madrid, 2012].

arcaica y escabrosa del sujeto; es la Cosa traumática que deja huellas indelebles en el cuerpo y en el pensamiento del niño. El cuerpo de la madre no es únicamente, en efecto, un objeto del deseo (incestuoso) del niño, sino que es también un cuerpo que recorre y constituye el cuerpo del niño; no es solo el cuerpo deseado, sino también el que fabrica el deseo; no es solo el cuerpo que sostiene la vida en su caída al vacío y el que amortigua el trauma de la falta de sentido de la vida misma, sino que es también el cuerpo que puede convertirse en una presencia sobrante que suprima toda discontinuidad, toda diferencia, recubriendo con su vida la vida del hijo. Nos hallamos aquí frente al deseo de la madre que se abisma en el goce –sin deseo–, reduciendo al niño a objeto a su servicio exclusivo. La presencia de la madre devora toda ausencia, absorbiendo al niño –atrapado como un insecto en una tela de araña, para seguir las indicaciones del sueño de una de mis pacientes– en una dimensión profundamente incestuosa.

En el sueño de una mujer joven que siempre acusó a su madre de no haberle concedido jamás libertad para tomar sus propias decisiones, la casa donde vive con su marido y sus dos hijos queda, en efecto, envuelta literalmente en una tela de araña particularmente pegajosa que les impide salir a ella y a sus seres queridos. En realidad, esa casa pertenece a su madre. Cuando la mujer decidió casarse, la madre la enfrentó a una alternativa: vivir en esa casa o nada. La imposibilidad de salir provocada por la tela de araña suscita en el sueño un estado de profunda angustia porque la mujer teme que un desconocido no tarde en irrumpir y en matarlos a todos. Se muestran con claridad sus dificultades para separarse de la madre-araña y el terror a perder su propio deseo a causa de ese encierro. Es lo que legitima una declaración deliberadamente provocadora de Angelo Villa cuando se pregunta: ¿qué hace por lo general inaceptable el recuerdo de una niña de siete años víctima de abusos sexuales por parte de su padre, «en comparación con la práctica diaria de una madre que duerme regularmente en la cama con el hijo varón, después de enviar a su cónyuge al del hijo menor?».[17]

Aquí no tenemos en primer plano la presencia socorredora del Otro materno, sino la pasividad del cuerpo del niño frente a la omnipotencia de la madre. Al cuidar al niño, la madre transmite la potencia del orden simbólico que impone una serie de restricciones que son la base de su civilización. Pero mientras desempeña esta tarea, esa madre excava en el cuerpo del niño grabando en él las letras de su goce.

Ange Duroc

Para comprender la dimensión traumática que puede llegar a adquirir el goce de la madre vamos a hacer referencia a un caso clínico expuesto por Serge Leclaire, uno de los discípulos más brillantes y conocidos de Lacan. Se trata de su paciente Ange Duroc.

En su centro se halla la infelicidad de una madre que no encuentra satisfacción en el hombre con el que vive. No es que este hombre no haya existido para el hijo como padre. Todo lo contrario: fue un padre capaz de representar la Ley a ojos de su hijo, pero no era un auténtico hombre del deseo —«poseedor del pene»— a ojos de su mujer. El Nombre del Padre ha sido transmitido por el padre real,

17. A. Villa, *Che cosa vuole una madre? Il desiderio materno nei casi di maltrattamento infantile*, Ets, Pisa, 2014, p. 64.

pero el deseo del padre en cuanto hombre no se transmitió de manera eficaz al hijo, como si la Ley del padre se mostrara solo en clave formal y abstracta, e incapaz de ser encarnada en el deseo.

¿Cuál es el principal síntoma de Ange Duroc? Se trata de un ritual que ordena su vida sexual. A pesar de llevar casado casi diez años, sigue sin consumar su matrimonio. Un ritual se repite, monótono, ocupando el lugar de las relaciones sexuales ausentes: yace en la cama con su mujer al lado, excitándose con su presencia, pero evitando consumar el acto sexual. Su goce consiste en mantener en suspenso su propio deseo y negar ferozmente el de su mujer.[18] La naturaleza inconsciente de su goce reside en el ejercicio programado de su retención. Le ocurre también con las heces, que contenía sin evacuarlas desde niño («Sentía la necesidad de hacer de vientre, de empujar la materia fecal hasta al extremo del borde anal sensible, antes de retenerla in extremis»).[19] En este ritual se contentaba con contemplar su erección sin intercambiar nada con su pareja, aproximándose al acto sexual sin completarlo jamás, conteniéndolo, difiriéndolo infinitamente.[20]

18. Véase S. Leclaire, «Duroc o il punto di vista economico in psicoanalisi», en *Smascherare il reale. Saggio sull'oggetto in psicoanalisi*, Astrolabio, Roma, 1973, p. 142 [trad. esp.: «Duroc o el punto de vista económico en psicoanálisis», en *Desenmascarar lo real*, Paidós, Buenos Aires, 1975].

19. Ibídem, p. 148.

20. La perspicacia analítica de Leclaire no puede dejar de notar cómo este síntoma se repite con insistencia incluso en el análisis, en su relación con el analista: el paciente tiende a contener las libres asociaciones, nunca se expresa libremente, controla sus palabras como si fueran heces, tratando de mantener perpetuamente en suspenso la atención del analista.

El primer recuerdo traumático que concierne a su vida sexual atañe a su primera noche de amor con una compañera de trabajo que, sorprendiendo a Duroc, se revela mucho más atrevida de lo previsto deteniendo la iniciativa del hombre que, literalmente, ante el deseo particularmente enérgico de la mujer, se queda como congelado. La petrificación del deseo es un rasgo característico de la neurosis obsesiva, que no por casualidad evoca Leclaire en el mismo nombre que elige dar a su paciente: Duroc, «de piedra», justamente. Pero este primer recuerdo se revela como un recuerdo encubridor de otro bastante más antiguo y decisivo que está en la raíz de su extravagante ritual:

> Tiene tres años de edad, todavía es hijo único; la madre está justo al comienzo de un embarazo que llevará al nacimiento de una hermana pequeña. Esta madre, poco tierna y meticulosamente limpia, presta gran atención a su higiene personal. Regularmente, se dedica al ritual de la irrigación; este se celebra en la cocina, donde deposita una ancha manta en el suelo; los instrumentos se colocan en orden, luego se trae al mandamás, al hijo, porque no podía, según afirma ella, quedarse solo en la habitación de al lado. Se tumba abrazando al pequeño Ange con fuerza y comienza la operación en la inmovilidad de un goce silencioso. Él conserva el recuerdo de una efusión que se expande, del placer inefable de un contacto envolvente con la exclusión específica de toda emoción propiamente genital.[21]

21. S. Leclaire, «Duroc o il punto di vista economico in psicoanalisi», *op. cit.,* p. 149.

La letra materna graba un goce silencioso y alternativo al genital que se introduce en el cuerpo del sujeto como una especie de molde que exige su repetición.[22] El sujeto, en su ritual, reactiva el escalofrío de ese goce antiguo volviéndose, como ocurría entonces, de piedra, convirtiéndose en el auténtico falo de su madre, el objeto exclusivo e incestuoso de su goce.

La falta de penetración revela la presencia de la interdicción simbólica: él puede gozar únicamente absteniéndose de gozar, haciendo de la abstención del goce su particular, y más profundo, goce. De ahí la angustia permanente de sentirse violado en sus propias barreras; por las heridas, por las agujas, por la carrocería de su coche. Y de ahí también su «culto al muro», su volverse roca, piedra impasible, como si hubiera encontrado la solución defensiva frente al riesgo de un deseo del Otro demasiado intrusivo e incestuoso. Su gran pasión es, en efecto, la de impedir el contacto erigiendo continuas barreras que puedan separarlo de ese goce consumado en ausencia del padre: de la madre hacia él y de él hacia su madre.

22. Esta acción es el fundamento del concepto lacaniano de «letra»: la red estratificada y contingente de letras maternas que actúa sobre el sujeto no opera simplemente como una castración del goce, sino que lo implica inyectándolo en el cuerpo y el pensamiento del niño. La noción de «letra» explica para Lacan el carácter extralingüístico del significante, su papel no como lo que representa al sujeto para otro significante, sino como corte en curso que trocea, fragmenta, condensa y fija el goce en determinadas áreas del cuerpo. Es, en el fondo, un relanzamiento de la tesis que Freud desarrollaba ampliamente en los *Tres ensayos:* el goce queda fijado justo donde se encuentra con la limitación simbólica de la Ley impuesta por el Otro. En los términos del último Lacan, este es el origen de *lalengua,* que no actúa como una barrera en relación con el goce —esa es el función de la castración simbólica, cuyo depositario es en última instancia el lenguaje—, sino para inscribir el goce *en el* cuerpo.

El caso de Ange Duroc muestra claramente el estatuto de objeto que el niño puede adquirir en relación con el deseo de la madre. Para Lacan es una condición estructural en cierto sentido: la posición original del niño es ser sometido al «servicio sexual de la madre».[23] Solo la Ley del padre puede salvar al hombre de esta relación incestuosa cimentando la posibilidad del deseo a través de su interdicción.

La madre-cocodrilo

En el África negra encontramos representaciones perturbadoras de la madre-caníbal, de la madre que devora a sus propias criaturas, que mata a sus propios hijos despedazándolos sin piedad. Nos hallamos aquí ante una versión patológica del deseo de la madre que desbarata un lugar común del psicoanálisis, especialmente de matriz anglosajona, que idealiza a la madre como *holding*, base segura y de confianza, *rêverie*, ámbito bueno que abraza y protege infundiendo a la vida del hijo un sentido de continuidad de su propio ser y saneando sus ansiedades más primitivas. Ya hemos demostrado cómo el Otro materno no está libre en absoluto de ambivalencias profundas. De hecho, existe otra versión de la madre que perturba, se opone, irrita a esta versión idealizada de la madre.[24]

23. Véase J. Lacan, «Del Trieb di Freud o del desiderio dello psicoanalista», en *Scritti, op. cit.,* vol. II, p. 856 [trad. esp.: «Del Trieb de Freud o el deseo del psicoanalista», en *Escritos, op. cit.,* tomo 2].
24. Ocurre lo mismo en el caso de la función paterna: basta con recordar la diferencia que separa la versión del padre como aquel que sabe humanizar la Ley uniéndola al deseo, de la del padre totémico descrito por Freud en *Tótem y tabú*, que goza impunemente de todas las mujeres; la versión del padre como representante simbólico de la Ley se

Ha sido en especial Lacan –siguiendo las huellas de Melanie Klein– quien ha profundizado en una representación más inquietante del deseo materno, proponiendo equipararla a la boca abierta de un espantoso cocodrilo.[25] La madre, en esta versión, en lugar de servir como refugio de la angustia, la provoca, la desencadena, se convierte en una terrorífica encarnación de la amenaza que vuelve inestable tanto el mundo exterior como el interior.

La tesis de Lacan es que en el inconsciente de toda madre –hasta en el de la más amorosa y entregada sinceramente al bien de sus hijos–, en la estructura misma de su deseo, reside un indomable impulso a fagocitarlos. De ahí la imagen de la boca abierta del cocodrilo que quisiera devorarlos vorazmente.

Existe en el fantasma materno un componente oral –sádico-caníbal– que contrasta decididamente con las versiones idealizadas del deseo de la madre que lo pretenden ver como purgado de todo rasgo pulsional. En primer plano sigue estando la tendencia incestuosa del deseo materno: una madre querría devorar su propio fruto, volver a introducirlo en su interior, incorporarlo, apropiarse íntegramente de él; quisiera saberlo todo de sus hijos, gozar de su cuerpo, reivindicar un derecho absoluto de propiedad, leer sus pensamientos. Por esta razón, los psicoanalistas conceden valor a la mentira infantil como jalón positivo del proceso de separación: «¡No lo sabes todo sobre mí!», «¡No puedes leer mis pensamientos!». Es la dimen-

---

opone a la del padre como aquel que instituye su propia Ley fuera de la Ley haciendo de su propio goce la única forma posible de la Ley.

25. Véase J. Lacan, *Il seminario. Libro XVII. Il rovescio della psicoanalisi (1969-1970)*, Einaudi, Turín, 2001, p. 121 [trad. esp.: *El seminario, 17: Reverso del psicoanálisis*, Paidós, Buenos Aires, 1992].

sión no-empática necesaria en todo proceso de diferencia-ción. Por eso los niños sienten la necesidad de no ser comprendidos con la misma intensidad con la que viven su necesidad de serlo.

El derecho de propiedad sobre el hijo autoriza a la madre a caer en la pura arbitrariedad, en el capricho insensato, en la aniquilación del otro, en su sometimiento. Se trata de una forma claramente perversa del deseo materno con el que la clínica psicoanalítica debe enfrentarse a menudo. En este sentido, también Franco Fornari, siguiendo a Lacan, consideraba que «cuando el código materno tiende a perdurar más allá del periodo en el que resulta funcional, pone en grave peligro a la feminidad» y, como consecuencia, el proceso de diferenciación entre el niño y la madre. Es la metáfora del aceite a través de la que describe el riesgo de una degeneración patológica de la maternidad:

> Añadido a la ensalada, el aceite es un excelente elemento, echado sobre la ropa, en cambio, se convierte en una mancha. Lo mismo ocurre con el código materno. Este, en la relación madre-hijo, es algo precioso e irreemplazable. En cambio, en medio de las relaciones entre personas adultas las distorsiona en sentido pregenital.[26]

Sus efectos son los de una confusión que elimina toda diferenciación simbólica. Es la degeneración del código materno, que no por casualidad coloca Fornari, en absolu-

---

26. F. Fornari, «Codice materno e disturbi della femminilità», en *Ginecologia psicosomatica e psicoprofiassi ostetrica,* Atti del Congresso della Società italiana e francese di psicoprofiassi ostetrica, ed. de R. Cerutti, Piccin, Padua, 1976, pp. 3-25. Recogido en F. Fornari, *Scritti scelti, op. cit.,* p. 178.

ta sintonía con Lacan, como fundamento de todos los regímenes totalitarios. Mientras que el fracaso del código paterno implica la deserción de la norma y el ejercicio cruel del poder, el fracaso del código materno conlleva como resultado una acentuación extrema de la omnipotencia de la fusión y del espejismo de la recíproca pertenencia. Es la base de la psicología de masas en la era de los totalitarismos del siglo XX: la tutela autoritaria de la vida que pide a cambio la renuncia al pensamiento crítico. Una suerte de *maternage* enloquecido, melancólico y espantoso, que acaba imponiéndose: la seguridad y los perpetuos cuidados a cambio de la libertad. La madre que todo-lo-sabe sobre sus propios hijos es una pesadilla, una locura, es una madre que se convierte en *kapo*. Se trata de una forma extrema de la degeneración de lo materno que se sintetiza en la imagen de la madre-cocodrilo.

En las exaltaciones delirantes del Führer o del Duce no hay que ver gigantografías del padre, sino un sistema expansivo que amplifica de manera totalmente perversa los cuidados maternos mediante una tutela permanente y fatalmente persecutoria. Nada puede escapar a los ojos de la madre, como le ocurre a un joven paciente psicótico mío, que se siente leído por su madre incluso en sus pensamientos más recónditos. Es lo que Fornari describe como una suerte de «inundación del código materno»: la vigilancia y la protección de la vida que definen algunos de los cometidos maternos esenciales se amplifican drásticamente, se convierten en un torbellino que aprisiona al sujeto y lo hace hundirse en un cieno indistinto.

¿Cuándo se degrada el amor materno de esta manera? Cuando la madre se pierde en sus propios hijos, vive solo para ellos, se dedica sin límites a sus cuidados. Cuando la responsabilidad de la maternidad da paso a un impulso devorador, recíproco por lo general, entre madre e hijo: *la madre absorbe al niño que absorbe a su madre*. El amor materno desemboca entonces en una incorporación que puede alcanzar su extremo más radical en el tránsito hacia el acto homicida o en una presencia asfixiante que no deja libertad alguna al sujeto. En distintos episodios de sucesos nos topamos con el horror de esa transformación del amor materno en violencia homicida. La clínica psicoanalítica nos enseña cómo la transición al acto infanticida y, más en general, los abusos infantiles de todo tipo tienen a menudo como origen una pareja madre-hijo que prescinde de toda referencia a un tercero capaz de garantizar un límite al deseo materno.

La existencia de este límite debería quedar establecido por encima de todo mediante el vínculo amoroso del que la vida del hijo brota y que separa la existencia de la mujer de la de la madre. Sin la suficiente distancia entre la madre y la mujer, la madre y el niño se confunden, se anulan recíprocamente, dando lugar a una simbiosis mortífera o una conflictividad repleta de odio y violencia. En casos como esos no es solo la madre la que devora a su hijo, sino que –al consagrar enloquecidamente su vida a la de su hijo– es la mujer la que resulta devorada por la madre. Si el niño consume el horizonte del mundo –si la madre elimina a la mujer–, el hijo se convierte en un objeto que encierra el deseo de la mujer en el deseo de la madre. El mundo se contrae entonces en un mundo cerrado y la díada madre-hijo se convierte en el modelo de una relación que no puede tolerar forma alguna de separación. Pero un vínculo sin separación queda privado de toda fuerza expansiva y generativa y está fatalmente destinado a deslizarse hacia una adherencia recíproca carente de deseo.

Ese fue el drama de Pasolini, esculpido en uno de sus

poemas más célebres, titulado no por casualidad «Súplica a mi madre»:

Eres tú la única que en el mundo sabe, de mi corazón,
lo que siempre fue, antes de cualquier otro amor.

Por eso debo decirte aquello que es terrible saber:
que es dentro de tu gracia donde nace mi angustia.

Eres insustituible. Por ello está condenada
a la soledad la vida que me diste.

Y no quiero estar solo. Siento un hambre infinita
de amor, del amor de los cuerpos sin alma.

Porque el alma está en ti, eres tú, pero tú
eres mi madre y tu amor mi esclavitud.[27]

La madre-cocodrilo no es en realidad la madre de la violencia y del atropello, sino por encima de todo la de un amor sin límites que secuestra el deseo de hijo haciéndolo imposible. Es una versión patológica del amor que solo sabe generar «esclavitud» y que no por casualidad encontramos como elemento central en todas las adicciones patológicas. En la clínica de la drogadicción, por ejemplo, es habitual toparse con individuos que han vivido su vínculo

27. P. P. Pasolini, «Supplica a mia madre», en *Poesia in forma di rosa,* Garzanti, Milán, 1964, p. 25 [trad. esp.: «Súplica a mi madre», en *Poesía en forma de rosa,* trad. de Juan Antonio Méndez Borra, Visor, Madrid, 2002]. Doy las gracias a Claudio Grasso, del Instituto de Psicoterapia Psicoanalítica de Turín, por haberme recordado este poema en una ocasión reciente.

con la madre sin las mediaciones simbólicas necesarias. La adicción a las drogas transforma la esclavitud de la madre en esclavitud de las sustancias, pero deja sin resolver el problema de fondo: la ausencia de acceso al deseo por parte del sujeto.

¿Cómo liberar al sujeto de la esclavitud de la madre-cocodrilo? Para Lacan es la Ley del padre lo que salva al sujeto del riesgo de ser devorado por la madre. Esta Ley, al afirmar ante todo la imposibilidad del deseo incestuoso, prohíbe la unión entre el niño y la madre:

> La Ley tiene como consecuencia la exclusión perpetua del incesto fundamental, del incesto hijo-madre. [...] El deseo por la madre no podría ser satisfecho pues supondría el fin, el término, la abolición de todo el mundo de la demanda, que es el que estructura más profundamente el inconsciente del hombre. [...] Allí yace lo esencial, en ese resorte, en esa relación que se llama la Ley de la interdicción del incesto.[28]

En nuestro tiempo ya no es necesario que esta Ley se identifique con el padre en cuanto progenitor biológico del hijo. Lo importante es que haya un tercero capaz de separar a una (la madre) del otro (el hijo) impidiendo su absorción mutua. En efecto, si la madre y el niño forman una pareja cerrada, hipnótica, fusional, el riesgo que se corre es el de identificar al niño en la posición de objeto del goce exclusivo de la madre.

El cierre de las dos fauces del cocodrilo que vuelve caníbal el deseo materno se debe a la minusvaloración

---

28. J. Lacan, *Il seminario. Libro VII. L'etica della psicoanalisi,* op. cit., p. 84.

por parte de la madre de su ser mujer o, si se prefiere, de su no-ser-madre-del-todo. La madre-cocodrilo señala la anulación de la mujer en la madre, en la madre-toda-madre, en la madre devoradora. Es la representación de la madre asfixiante, de la madre que no respeta la distancia simbólica necesaria en relación con su hijo: absorbe al hijo en ella misma dejándose absorber íntegramente por el hijo. Si tomamos al pie de la letra la imagen que nos propone Lacan, deberíamos denominar a las fauces del cocodrilo «mujer» y «madre» y añadir que, en el caso de que se cierren superponiéndose y dejando al hijo sin posibilidad alguna de fuga, es porque se ha verificado una confusión letal entre la madre y la mujer. La diferencia específica que distingue a una de la otra ha quedado abolida.

A esta historieta añade Lacan otro elemento crucial que actúa como un tercer polo respecto a los de la madre y de la mujer. Se trata de una estaca de hierro que, al ser introducida en la boca del cocodrilo, mantiene separadas las fauces permitiendo al hijo una adecuada separación del deseo de la madre. Este elemento separador que impide el goce caníbal de la madre, salvando al hijo, es el Nombre del Padre, cuya función específica no es en realidad la de prohibir que el hijo sea devorado incestuosamente por la madre —eso es solo un efecto derivado de su acción—, sino preservar la diferencia fundamental entre el ser de la madre y el ser de la mujer.

Por esta razón Lacan atribuye la mayor parte de los problemas de la relación primaria madre-hijo a la sexualidad femenina: el deseo de la madre se vuelve patológico cuando apaga la sexualidad femenina.

En la imagen de la madre boca-de-cocodrilo el Nombre del Padre se vuelve portador de dos exigencias igualmente esenciales: la primera es la de garantizar la separación del hijo obstruyendo el cierre de las fauces del cocodrilo; la segunda, aún más decisiva, es la de preservar la existencia del deseo de la mujer como heterogéneo respecto al de la madre.

La estaca entre las mandíbulas del cocodrilo, necesaria para que el deseo de la madre con el objeto no se convierta en incestuoso, no reproduce una versión represiva y puramente disciplinaria (o patriarcal) de la Ley autoritaria del padre, sino la exigencia de que la libido de la madre no sea secuestrada enteramente por el hijo. Y esto no solo por el bien de la madre, sino especialmente por el del hijo. En este sentido, el deseo femenino es ya una especie de Nombre del Padre, que interviene como agente de la separación en el goce incestuoso de la madre.

La mujer que no se agota en la madre enseña a su hijo que su deseo está atrapado en un más allá, está dirigido hacia otro lugar, atraído por una incógnita que no coincide con el propio hijo. La relación del niño con el deseo de la madre −siempre que se trate de una relación lo «suficientemente buena»− nunca es una relación entre dos, sino entre tres, en la que el tercero es el falo como objeto capaz de capturar el deseo materno, impidiendo su fijación en el niño.

El Nombre del Padre es el significante de la separación, dado que proporciona al niño la clave de la interpretación (fálica) del deseo del Otro: la madre nunca es madre-del-todo, está habitada por una carencia que la constituye como mujer. Es solo la existencia de la mujer en la madre lo que impulsa el deseo del Otro (materno) más allá del niño.

Cuando, por el contrario, el deseo de la madre no está condicionado por el de la mujer, puede ser vivido por el niño como una voluntad de goce sin Ley que impide la separación. Eso significa que el niño necesita ser traumatizado por el encuentro con la castración de la madre, es decir, con su feminidad, con su exhibición como mujer.[29] Nos hallamos en el centro de esa dialéctica del objeto que según Lacan organiza la simbolización del deseo del Otro: en la frustración, al sujeto le es sustraído el objeto real, pero la causa de esa sustracción no deja de ser simbólica y coincide con el «vaivén» de la madre, con su alternancia entre presencia y ausencia. El encuentro con la carencia del Otro induce al niño a subordinar la presencia del objeto real (alimento, pecho) a la presencia simbólica del signo de amor. El sujeto no se contenta con el goce del objeto, sino que desea el signo de la carencia del Otro como indicio de la subjetividad del Otro.

Solo en un primer momento se ve impulsado el niño por la ilusión de encarnar el objeto del deseo materno —ser su falo—. Esto es lo que Lacan llama «perversión primaria» y que caracteriza únicamente la primera fase del complejo de Edipo. En una segunda etapa, el deseo de la madre muestra —en la alternancia de presencia y ausencia que inevitablemente caracteriza sus cuidados— que no está completamente centrada en el niño. Se trata de una suerte de decepción necesaria para el hijo con el fin de que pueda volverse, a su vez, hacia otro lugar, de evitar quedar enredado en la ilusión fálica de ser él, solo él, quien colme el deseo de la madre. Si el niño, en cambio, se obsesiona en la identificación narcisista con el falo no hay posibilidad

29. Los síntomas neuróticos del niño son efectos de este impacto con la castración de la madre. La psicosis infantil, en cambio, tiende a revelar el impacto con su potencia ilimitada, en el que la mujer está, por decirlo así, subordinada a la madre.

de separación y de acceso a su propio deseo; quedará aplastado por el peso –imposible de soportar– de dar sentido a la vida de su madre.

La madre boca-de-cocodrilo es la madre que ha renunciado a su condición de mujer y cuyo deseo se ha obsesionado con el niño, destinado a convertirse en el único objeto capaz de colmar la carencia. Las fauces del cocodrilo se cierran y hacen imposible para el hijo cualquier intento de separación, transfigurándolo en un objeto fetichista. Ya lo hemos visto: si el deseo femenino se reduce a cuidar al niño elevado a falo imaginario, capaz de suturar la castración materna de modo que se alcance así un espejismo de totalidad, lo único que puede derivarse de ello es una simbiosis destructiva: el niño queda sumergido por el goce materno al igual que la mujer queda sumergida por la madre.

Esta doble inmersión implica que el Otro materno no puede tolerar la separación del objeto de su propio goce en el que ha transformado su fruto, y el niño, por su parte, no puede tolerar la ansiedad que cualquier maniobra suya de separación podría generar en el Otro materno. Los cuidados de la madre-cocodrilo se muestran como operaciones de secuestro del niño como objeto del propio goce y la separación, en lugar de ser estimulada, es vivida como un presagio de desgracia.

¿Cuándo se vuelve asfixiante una madre? ¿Cuándo se convierten los cuidados del hijo en puro impulso devorador? Cuando la normal ambivalencia materna entre custodiar y alimentar la vida del hijo y el activar los procesos que promuevan su separación se ve desequilibrada en sentido único hacia lo primero. Por esta razón, según Lacan, si se quiere entender algo de la patología del deseo materno es necesario siempre poner en cuestión la sexualidad femenina. Nos hallamos frente a un cambio decisivo; en lugar de preguntarse en qué se ha equivocado una madre en cuanto madre –demasiado presente o demasiado ausente, demasiado empática o demasiado gélida, demasiado diligente en el cuidado o demasiado negligente, etcétera–, la atención se desplaza hacia la relación de la madre con su sexualidad. La oscilación materna entre el exceso de presencia y el exceso de ausencia es un síntoma que señala específicamente las dificultades de una mujer para integrar de forma generativa a la madre y a la mujer. Es el deseo de la mujer lo que impide que una madre se consagre solo sacrificialmente a su misión de nodriza, y por otro lado es el deseo de la madre lo que permite a la mujer una dedicación suficiente a su hijo.

La madre se vuelve asfixiante cuando ha perdido la relación con su propia condición de mujer, o, si se prefiere, cuando la experiencia de la maternidad coincide con una especie de cercenamiento, de distorsión irreversible o, de nuevo, de eclipse de su dimensión de feminidad: ser o llegar a ser madre elimina el ser o llegar a ser mujer. Si para toda mujer la experiencia de la maternidad implica necesariamente un reasentamiento simbólico de su condición de mujer, es porque la maternidad acarrea un goce que corre el riesgo de anular o reducir drásticamente el de la mujer.

No es casualidad que muchas mujeres entren en crisis en sus relaciones conyugales después de la maternidad, como si la entrada en el escenario del mundo de otro objeto de goce –el niño– volviera superfluo ese otro (el falo) que posee el compañero. La falización del hijo puede corresponder a una desfalización imaginaria del compañero, lo que no solo implica la congelación de la sexualidad de la mujer en su vida conyugal y la necesidad acaso –como ocurría en otros tiempos solo para lo que Freud había definido como la degeneración más común de la vida sexual en la neurosis masculina– de buscarse una amante, sino también el riesgo mucho más preocupante que concentrar exclusivamente en el niño su propia libido.

¿Qué sucede en estos casos? ¿Qué ocurre cuando el deseo de la madre aparece capturado en su integridad por el ser del niño? ¿Cuando la existencia del niño agota totalmente el deseo de la madre? La diferencia entre maternidad y sexualidad que recorre constitutivamente a toda mujer que se convierte en una madre pierde fuerza, es abolida. Y es precisamente de esta abolición de la que nace el canibalismo materno. A la inversa, es solamente la persistencia de esta diferencia lo que impide que la madre engulla su fruto. Tan solo la irreductibilidad de la mujer respecto a la madre impide a la madre devorar en sus fauces a su hijo.

La madre narcisista

En la cultura patriarcal la madre estaba sintomáticamente destinada a sacrificarse por sus hijos y por su familia, era la madre de la oblación y del amor sin límites. Sus grandes pechos condensaban un destino: estar hecha para cuidar y alimentar la vida. Esta representación de la maternidad escondía, como acabamos de ver, una sombra maligna: la madre de sacrificio era también la madre que retenía a sus hijos junto a ella, que les pedía, a cambio de su abnegación, una fidelidad eterna. Se trataba de la patología más común de lo materno: la sombra oscura del sacrificio materno que en la cultura patriarcal formaba un binomio inoxidable con la figura, igualmente infernal, del padre-amo.

130

Nuestra época nos enfrenta a una transformación radical de esta versión de la patología materna; ni boca-de-cocodrilo, ni telaraña pegajosa, ni sacrificio masoquista, ni elogio de la mortificación de uno mismo. La madre de la abnegación ha sido reemplazada por una nueva figura de madre que podríamos denominar madre narcisista.[30] Esta madre es hija (¿legítima?) de la ideología de la liberación sexual de los movimientos del 68 y del 77; es una madre que ha experimentado en sí misma, como hija, la garra sádica de la madre-cocodrilo y que ha luchado con toda la razón por emanciparse de una versión tan solo caníbal del deseo materno. La recaída de esta instancia –crítica en relación con el modelo patriarcal de la madre caníbal– puede desembocar sin embargo en una nueva patología de la maternidad. Se trata de la alteración hipermoderna de la madre-cocodrilo.

Es la otra cara del acto de devorar: dejar caer, indiferencia, distracción, desinversión libidinal en relación con el niño. No retener, encarcelar, esclavizar al hijo, sino vivirlo como una molestia, un daño, un obstáculo para la realización de una misma. El psicoanalista escucha cada vez más a

---

30. Sobre la figura madre narcisista, véase M. Barbuto, «La madre narcisista», en C. Menghi y P. Pace (eds.), *Anoressia e bulimia. Il trattamento della famiglia,* Franco Angeli, Milán, 1999, y M. Recalcati, *Clinica del vuoto. Anoressie, dipendenze, psicosi,* Franco Angeli, Milán, 2002 [trad. esp.: *Clínica del vacío: anorexias, dependencias, psicosis,* trad. de M.ª Soledad Rodríguez Val, Síntesis, Madrid, 2008]. En este ensayo he establecido una doble correspondencia clínicamente significativa entre la madre-cocodrilo y el padre-norma y entre la madre narcisista y el padre-amante. Mientras que en la primera pareja (madre-cocodrilo y padre-norma) tenemos una Ley que suprime el deseo, en la segunda (la de la madre narcisista y el padre-amante) tenemos un deseo que querría prescindir de toda Ley.

menudo historias de madres narcisistas. Operarse el pecho inmediatamente después de la lactancia materna o rechazar la propia lactancia para no estropear la imagen estética de sus pechos son actitudes cada vez más comunes que denotan la interpretación de la maternidad vivida como amenaza contra la feminidad. El haberse convertido en madre puede ofuscar la imagen narcisista de la mujer. De ahí también se derivan la falta de atención a los hijos y el cultivo en sentido único del valor narcisista de la propia vida.

No es tan solo un problema, por muy real y socialmente relevante que sea, de las dificultades de una mujer para conciliar las exigencias de la maternidad con las de su legítima necesidad de afirmación personal y profesional. Lo que está en juego aquí es un rechazo inconsciente de la maternidad en el nombre de un ideal estéril de la feminidad. Ya no tenemos en primer plano la voracidad insaciable de la madre-cocodrilo, ni el impulso pulsional hacia la apropiación «sexual» del niño como objeto exclusivo de goce, ni mucho menos el carácter asfixiante de la exigencia materna, sino el rechazo del niño como la causa de la mortificación del cuerpo femenino. Se trata, como hemos visto, de la inversión especular de la tesis freudiana, según la cual la maternidad permitiría a la mujer hacerse con el falo del que carece a través del niño. En el caso de la madre narcisista, el niño no otorga ningún valor fálico en absoluto al cuerpo de la madre, sino que lo sustrae.

Esto puede causar ciertos casos de infertilidad histérica, hoy cada vez más extendida: para defender el valor fálico-narcisista de su cuerpo, la mujer hipermoderna –ideológicamente emancipada– llega a rechazar inconscientemente la idea de la maternidad vivida como una castración de su ser narcisista, como extravío de su feminidad. Desde este punto de vista, la madre narcisista encuentra su representación en la mujer freudiana que ama únicamente su propia imagen y que, debido a esta pasión unilateral, no puede acceder simbólicamente a un amor efectivo hacia el Otro. Es la madre del capricho, del descuido, o incluso de la competencia fálica directa, especialmente en relación con sus hijas.

La historia de una paciente joven resulta esclarecedora a este respecto: mientras pasean por una conocida calle de Milán, llena de tiendas de moda, la hija se detiene ante un escaparate en el que se expone un vestido determinado y se lo pide a la madre. Una vez dentro de la tienda, la madre se prueba el vestido y, mirándose en el espejo, se decide a comprarlo, sugiriendo a su hija que busque otro más adecuado para ella. En este caso es la mujer, o más bien una determinada versión fálica de la mujer, la que acaba suprimiendo, o viviendo como hostil a sí misma, el deseo de su madre. A la hija no se la toma como falo imaginario que completa su ser, sino, según los casos, como una rival a la que hay que derrotar o como un objeto-residuo que puede llegar a dañar el cuerpo de quien la ha generado.

El reproche que la hija dirige a la madre no es, como ocurre en el caso de la madre-cocodrilo, que no le permita separarse, que la retenga, que la haya invadido, sino, por el contrario, que exhiba de forma narcisista su feminidad sin haber hecho posible ninguna clase de transmisión de lo que significa ser una mujer, sin haber incluido a la hija en una herencia simbólica. En la madre narcisista, el goce exaltado del hijo que hallamos en el núcleo de la madre-cocodrilo deja espacio a su tendencia al rechazo. Lo que prevalece entonces son sentimientos depresivos o de simple indiferencia emocional hacia el hijo, que resulta ser un cuerpo extraño respecto a la idealización de su propia imagen de mujer. Es la mujer la que acaba anulando a la madre, causando un efecto de desestructuración en sus hijos, para quienes la ausencia de la madre no queda simboliza-da en relación con la trascendencia de su deseo, sino como rechazo, como devaluación de la importancia en su vida de sus hijos.

Una madre en fuga

La madre narcisista es una madre siempre en fuga y con tendencia a la insatisfacción. Andrea Bajani ofrece un retrato conmovedor y nada estereotipado de una de ellas en su novela *Si en cuenta tomas las culpas*.[31] No es el mo-delo más frecuente de la madre narcisista, que se caracteri-za por una falsa euforia que hace de su maternidad un breve y poco significativo paréntesis en su vida. Lo que está aquí en juego es una madre que acarrea, como hija, el estigma del rechazo. Es el retrato de una madre a través de los ojos de un hijo que se reúne con ella con motivo de su muerte; es el retrato de una madre que no ha renunciado nunca a su derecho (legítimo) a insubordinarse como mu-jer contra el régimen de la cultura patriarcal.

Criada en una familia burguesa en la que el padre se-ñoreaba calcando su nombre en el de sus dos primeros hi-jos varones –que, como acostumbraba a decir, «le habían salido bien»–, ocupa el lugar de «hija disoluta», de la que sus padres decían, bromeando con los amigos, que les ha-bía «salido con un defecto de fábrica».[32] Si sus hermanos se

31. A. Bajani, *Se consideri le colpe,* Einaudi, Turín, 2007 [trad. esp.: *Si en cuenta tomas las culpas,* trad. de C. Gumpert, Siruela, Ma-drid, 2017].
32. Ibídem, pp. 48-49.

mostraban «teledirigidos» por el poder paterno –intérpretes patológicos de una herencia concebida solo en forma de reproducción de lo idéntico y de clonación–, su vida se desarrolla en dirección contraria. Acepta un matrimonio de conveniencia, organizado por los padres, solo para traicionar a su marido y quedarse provocativamente embarazada de otro hombre que no tardará en marcharse, concediéndole apenas el derecho a utilizar su apellido para el hijo, al que «dejó allí con una firma, como un lagarto que pierde la cola y se va a otra parte para que vuelva a crecerle».[33]

Pero sus justas protestas contra una familia que la excluye solo por su condición de mujer, de hembra, de diferente, acaba con el tiempo por dispersarse en una vida carente de satisfacciones. La tristeza que lleva siempre dentro de sí la conduce lejos de casa; se separa incluso del hombre al que presentará a su hijo como si fuera su padre; el tabaquismo y el alcoholismo, los proyectos profesionales aventurados y poco concluyentes, junto con nuevas decepciones amorosas, la extenúan. Los contactos con su hijo van limitándose a llamadas telefónicas cada vez más raras, promesas rotas y grandes ausencias. Su vida terminará en una soledad sin esperanza. Su casa, sus cosas, los entornos de su vida cotidiana se muestran bajo una luz gris y desesperada. Cuando el hijo va a Rumanía para asistir a su funeral, no encuentra ya el retrato de su madre tal como lo había guardado en la memoria sino el de una mujer extranjera, abrasada por la vida:

Te dejaste pudrir [...] te trataste mal, alcohol y quién sabe qué más. [...] En esas fotos eras un cuerpo reventado, deforme, de pelo gris, pegado a la cabeza, siempre

33. Ibídem, p. 53.

con un cigarrillo entre los dedos. Caminabas dentro de una capa que te hacía parecer aún más enorme, todo tu cuerpo iba a meterse en esos pies que se te habían quedado pequeños, como tratando de encajar un colchón en una funda de almohada. [...] Cuando volviste a pasarme por delante con la pelusa bajo la barbilla eché a correr hacia fuera. Apenas tuve tiempo de cruzar la puerta, apoyarme contra el muro y vomitar.[34]

El hijo que ha tenido que soportar la ausencia de la madre amada, que vivió el drama de la falta de reconocimiento, del alejamiento de la madre con su nuevo amante, no puede reconocer a su madre en la mujer destrozada con la que se encuentra. El deseo insatisfecho de esta madre es el de una mujer incapaz de hallar la paz a causa de la exclusión que sufrió por parte de su familia de origen. Descartada, arrojada a un rincón, rechazada, esta mujer vive la herencia bajo la forma rabiosa e impotente de una oposición sin dialéctica. Arrastra consigo la marca original de la exclusión sin poder dejar de identificarse jamás con ella. El acceso a la maternidad es solo un tránsito al acto destructivo para escapar a una vida determinada por los demás. El deseo de la madre no puede ser subjetivado. El hijo queda como una evocación lejana, demasiado lejana.

El complejo de Medea

Una figura perturbadora y extraordinariamente intensa de la madre narcisista puede verse también en la Medea de Eurípides.

34. Ibídem, pp. 82-83.

Hemos visto, a la luz del psicoanálisis, cuán problemático resulta para una mujer convertirse en madre sin extraviarse como mujer. En otros tiempos era casi la regla: convertirse en madre significaba para una mujer morir como mujer, sacrificar toda su feminidad a los cuidados de la vida de sus hijos. La mujer no actuaba como castración de la madre, sino como aquello que quien se convertía en madre debía perder necesariamente. Es la representación canónica de la madre patriarcal.

La figura de Medea lo pone todo patas arriba, violenta y trágicamente: mientras que la madre patriarcal del sacrificio se suprime como mujer, en Medea es la madre la que es sacrificada a la intemperancia, fuera de la Ley, de la mujer. Podríamos definir como «complejo de Medea» ese complejo que lleva no solo a las madres a matar a sus propios hijos invirtiendo de un plumazo la cadena de la generación («¡Te di la vida, y ahora te doy la muerte!»), sino a descartarse como madres para poder seguir existiendo como mujeres.

Es en Corinto, en el año 431 a. C., donde Eurípides pone en escena *Medea,* la tragedia que cuenta la historia de una mujer que, incapaz de soportar la traición de su amado, Jasón, decide matar como venganza a sus hijos.[35] El impulso hacia el filicidio está provocado por la herida causada por el trauma del abandono. Si, ante el amor que unía en el idilio inicial a Medea y a Jasón, la nodriza podía decir que «la mejor salvaguarda radica en que una mujer no discrepe de su marido» (214), después de la traición

35. Eurípides, *Medea,* Feltrinelli, Milán, 2014 [aquí citada por la traducción española de Alberto Medina González, en Eurípides, *Tragedias,* I, Gredos, Madrid, 1983] (en lo sucesivo, las citas de esta obra se limitarán a incluir la página de la edición de referencia).

de Jasón, que la abandona para casarse con Glauce, la princesa de Corinto hija del rey Creonte –traición que Medea sufre como una herida incurable–, Medea nos recuerda que «cuando [una mujer] ve lesionados los derechos de su lecho, no hay otra mente más asesina» (222).

Medea tiene orígenes bárbaros, es una mujer sin raíces, venida del Oriente; su vida rechaza la razón de Estado y los principios de la civilización que, por el contrario, Jasón representa. La revisión de la tragedia por parte de Pasolini exacerba este conflicto entre la cultura religiosa y arcaica de la tierra (Medea) y la cultura de la civilización y de la Ley de la ciudad (Jasón), mostrando su naturaleza irresoluble.[36] En cambio, podríamos leer en el destino de exiliada de Medea, de desarraigada de su tierra, de mujer sin raíces, excluida por las Leyes de la polis, extranjera, una característica oscura que atañe a la maternidad como tal. Dar la vida, generar, manifiesta una potencia tan absoluta que puede derivar en su opuesto: matar, quitar la vida, destruir.

Medea aparece en la escena a través de las palabras de la nodriza como mujer abatida y desesperada que abandonó por amor su tierra natal y que ahora se encuentra sola «cual piedra u ola marina» (214).[37] La pérdida del amor de Jasón despoja de sentido su vida y apaga sus deseos de vivir («¡Ay, desgraciada de mí e infeliz por mis sufrimien-

36. Véase P. P. Pasolini, *Medea,* en *Il Vangelo secondo Matteo. Edipo re. Medea,* Garzanti, Milán, 2006 [trad. esp.: *El Evangelio según San Mateo,* trad. de Antonio Gallifa, Aymá, Barcelona, 1965].

37. Aquí encontramos un rasgo típico de la condición del héroe trágico: «El héroe de la tragedia participa siempre del aislamiento, está siempre fuera de los límites, siempre proyectado hacia delante y, en consecuencia, desenraizado en cierto modo por su propia estructura», J. Lacan, *Il seminario. Libro VII. L'etica della psicoanalisi, op. cit.,* p. 342.

tos! ¡Ay de mí, ay de mí! ¿Cómo podría morir?», 217), la confina en una soledad desgarradora que ha vuelto insignificantes a sus propios hijos («Odia a sus hijos y no se alegra al verlos», 214). Pero sobre todo acentúa su «naturaleza terrible», su «carácter salvaje» con «ojos fieros de toro» (217). Medea es en efecto un «coágulo de crímenes»: abandona su tierra natal, traiciona a su padre, mata a su hermano, causa la muerte del tío de su amado, de su rival Glauce y de su padre, antes de matar sin vacilación a sus hijos.[38] No solo encarna Medea la insubordinación de la mujer ante las convenciones y las leyes que regulan la vida de la familia y la institución del matrimonio que la obligan a someterse al poder del hombre, sino que, más radicalmente aún, demuestra que ni siquiera la maternidad es suficiente para satisfacer la propia vida, para compensar la pérdida del amor, que ninguna mujer puede ser absorbida y abolida en la madre jamás.

Su vínculo con Jasón no está garantizado por contrato alguno, pero queda estipulado recurriendo a un juramento no escrito. Podría ser suficiente para asegurar la libertad del hombre para elegir otra esposa, así como para reprochar a Medea que en cualquier caso la ha civilizado e integrado en el orden de la ciudad. Jasón —que en la *Medea* de Pasolini aparece, no por casualidad, como la encarnación de la razón instrumental que pierde el contacto con las raíces míticas y poéticas de la verdad para adaptarse al orden de la ciudad— aspira a planificar el destino de Medea, quisiera hacer entrar en razón a Medea la bárbara, obligarla a aceptar un futuro «burgués» seguro para ella y para sus hijos, pero sin la pasión del amor. Quisiera acordar el final

38. Véase I. Dionigi, «Mater terribilis», en I. Dionigi (ed.), *Madre, madri,* Rizzoli, Milán, 2008, p. 52.

de su relación como si se tratara de un simple contrato entre otros muchos. Quisiera que Medea permaneciese en la ciudad y aceptara su nueva condición.

Pero Jasón pasa por alto la rabia de Medea, herida en su amor. Se le había entregado por entero, sin reservas, lo había perdido todo por su amado sin detenerse en cálculos, exponiéndose a los mayores riesgos: «Yo te salvé [...] después de traicionar a mi padre y a mi casa, vine a Yolco, en la Peliótide, con más ardor que prudencia. [...] Y a cambio de estos favores, ¡oh, el más malvado de los hombres!, nos has traicionado y has tomado un nuevo lecho» (230).

Jasón replica evocando la razón, el cálculo astuto, la planificación burguesa de su vida: «No he aceptado la boda por los motivos que te atormentan, ni por odio a tu lecho, herido por el deseo de un nuevo matrimonio, ni por ánimo de entablar competición en la procreación de hijos. Me basta con los que tengo y no tengo nada que reprocharte, sino que, y esto es lo principal, lo hice con la intención de llevar una vida feliz y sin carecer de nada [...] y además para poder dar a mis hijos una educación digna de mi casa» (233).

Mientras que Medea actúa movida por el amor como pasión del ser, Jasón invoca el ámbito del tener, de los bienes, de las ganancias, de la acomodación a la realidad; mientras Medea invoca el absoluto del amor, Jasón quiere que razone, quisiera ofrecerles a ella y a sus hijos un destino aceptable, quisiera tranquilizarla: «Sin renegar de mis íntimos, vengo aquí a ocuparme de tu suerte, a fin de que no seas expulsada con tus hijos sin recursos y no carezcas de nada: el destierro arrastra consigo muchos males; a pesar del odio que me tienes, no podría nunca quererte mal» (229). Pero la respuesta de Medea es perentoria: «No deseo una vida feliz, pero dolorosa, ni una prosperidad que desgarre

140

mi corazón» (234). Su pasión sobrepasa el principio de realidad que en cambio Jasón encarna. Medea rechaza el destino burgués que le promete su amado, quien da muestras de no comprender realmente nada de esa pasión. El cinismo pragmático que dirige sus actos no toma en consideración la pasión más allá de la Ley del derecho que impulsa a Medea no como madre preocupada por el destino de sus hijos sino como mujer. Por lo tanto, es Jasón quien comete una injusticia el primero, un ultraje grave que, a pesar de que no pueda ser registrado como tal en el ámbito de la transgresión de la Ley del derecho, no deja de serlo porque viola la palabra dada ofendiendo la Ley no escrita del pacto de amor. Sobre esa misma injusticia se funda también el edicto emitido por el rey Creonte que establece que Medea y sus hijos deben abandonar inmediatamente la ciudad y ser expulsados al exilio, «fuera de los límites de esta tierra» (233).

Como han señalado distintos comentaristas, la posición de Medea en relación con la Ley recuerda a la adoptada trágicamente por Antígona, dispuesta a morir por defender la Ley no escrita que la vincula al amor por su hermano muerto en la batalla exigiendo su sepultura a pesar de que esta sea rechazada por la Ley escrita del derecho. Sin embargo, a diferencia de Antígona, que no mata a nadie pero acepta ser enterrada viva para no ceder a su deseo, la furia de Medea se desencadena en contra de Jasón *a través de* sus hijos, a través del rechazo más extremo de su condición de madre. El gesto de Medea, a diferencia del de Antígona, es un gesto cuya maldad no tiene límites. Para atacar a Jasón causa la muerte a su futura esposa y al padre de esta, Creonte, junto con sus hijos, reivindicando con orgullo su acto criminal. Medea no quiere ocultarlo porque lo que la impulsa no es su locura celosa que ha pervertido fatalmente la función de los cuidados y la protección de la vida que caracteriza a la función materna, sino su rechazo a ser silenciada como mujer, a ser negada como sujeto de deseo. Y es, en efecto, como mujer, nunca como madre, como Medea se dirige a Jasón después de que este descubra el terrible crimen.

> MEDEA: Tú no debías, después de haber deshonrado mi lecho, llevar una vida agradable, riéndote de mí; ni la princesa, ni tampoco el que te procuró el matrimonio, Creonte, debían haberme expulsado impunemente de esta tierra. [...] ¡Oh niños, cómo habéis perecido por la locura de vuestro padre!
> JASÓN: Pero no los destruyó mi mano derecha.
> MEDEA: Sino tu ultraje y tu reciente boda.
> JASÓN: ¿Te pareció bien matarlos por celos de mi lecho?
> MEDEA: ¿Crees que es un dolor pequeño para una mujer? (261)

Medea actúa con el corazón de «roca» y con la fuerza del «hierro» —como canta el coro— porque en ella la madre ha sido eliminada por la mujer. Su amor por Jasón se ha transformado en un odio mortal que, como ya había sucedido con su amor, la empuja a traspasar todo límite. En este sentido, el «complejo de Medea» muestra la irreductibilidad del ser mujer respecto al ser madre en términos absolutamente inconciliables: el sacrificio de los hijos se produce como represalia de la mujer herida en su ser, negada en su unicidad insustituible. La culpa de Jasón y su imperdonable ingenuidad es la siguiente: sostener que el cálculo de la razón pueda domeñar el ímpetu pasional del amor femenino. Mientras Medea, por amor, se ha revelado dispuesta a contradecir el destino que le había sido impuesto por su madre y por su padre —convertirse en sacerdotisa virgen—, Jasón reduce el deseo a un cálculo fálico, a pura administración de bienes. El filicidio desafía por ello el embotamiento de la razón que para Medea es la única verdadera locura.

Se trata de una escena diametralmente opuesta a la de la muerte bíblica de Sara, la madre de Isaac. En ese caso, la muerte de la madre sella el tránsito simbólico del hijo al hombre: Sara no quiere obstaculizar la vida del hijo y prefiere el regalo de su propia muerte, la elección de su ocaso. En Medea, por el contrario, los hijos son asesinados porque la mujer no quiere morir y se insubordina inflexiblemente a la madre. Esta es la profunda y perturbadora verdad que se esconde en su gesto extremo. La diferencia que separa el ser mujer del ser madre emerge con la fuerza de un trauma: los hijos dejan de ser amados («¡Oh mano queridísima, boca queridísima, rasgos y noble rostro de mis hijos! ¡Que seáis felices, pero allí!», 251), son asesinados para reivindicar la Ley no escrita del amor ilimitado y ofendido que la une a Jasón («Vuestro padre os ha privado de la felicidad de aquí», 251).

Lo que Medea nos muestra son los confines, siempre tenues, entre la madre y la mujer. Si en la madre patriarcal del sacrificio se realiza tan solo una versión masoquista de la maternidad, con el resultado de que los vínculos maternales con los hijos tienden a convertirse en enlaces patológicos, fagocitarios, recíprocamente caníbales, con el gesto de Medea nos adentramos en otro campo, aunque no menos patológico. Pasamos de la madre-todo-madre a la madre que reniega de su propia condición de madre. ¿Acaso el complejo de Medea no ha ocupado en nuestros días el lugar de la simbiosis incestuosa madre-hijo que caracteriza la representación patológica del deseo materno como deseo caníbal?

Medea muestra de manera incontrovertible la no coincidencia entre la mujer y la madre. Dado que se ha sentido rechazada y ofendida como mujer, se elimina como madre eliminando, a su vez, también la vida de sus hijos. Muchos casos de la crónica de sucesos evocan el complejo de Medea, una mujer no puede contentarse con aparecer ante los ojos del hombre al que ama solo como una madre. Exige, con razón, seguir existiendo y ser deseada como mujer. También la experiencia clínica avala ampliamente este hecho: no siempre el nacimiento de un hijo fortalece los vínculos de la pareja, al contrario, puede someterlos a dura prueba hasta volverlos insoportables e irreconocibles.

No es casualidad que las crisis de muchas parejas estén marcadas por la llegada de un hijo. El nacimiento de un hijo, en efecto, puede fortalecer, pero también desestabilizar a parejas sólidas: a un hombre puede costarle trabajo reconocer a la mujer que amaba y deseaba sexualmente en la que se ha convertido en madre de sus hijos, y una mujer puede dejar de reconocer en el padre de sus hijos al hombre del que se enamoró. La culpa absoluta de Medea es la de existir como mujer solo a través de la venganza en sus propios hijos, solo en el rechazo rabioso de la maternidad.

También una novela como *Desgracia impeorable* de Peter Handke si, por una parte, muestra la dimensión puramente sacrificial que puede asumir la maternidad, por otra hay en esa madre –que es la madre del escritor, que decide suicidarse recién cumplidos los cincuenta años– una ausencia de deseo, una condición de marchitamiento y de retirada de la vida que señala cómo la maternidad no puede salvar a la mujer. De hecho, es la mujer, y no la madre, quien decide suicidarse al sentirse inmersa en una existencia que ya no reconoce como propia. La renuncia a sus deseos y el sacrificio de sí misma apelando al Superyó arrebata todo sentido a su vida. Después de matarse ingiriendo una dosis masiva de medicamentos, en su cuerpo se hallan compresas y bragas absorbentes. Es un detalle importante, que señala cómo la maternidad sin deseo, la maternidad que suprime el deseo de la mujer, es únicamente frustración, martirio, alienación total, sometimiento brutal a la voluntad del hombre y a la no menos feroz de las costumbres.[39]

«Mommy»

La distinción entre madre-cocodrilo y madre narcisista no excluye la posibilidad de figuras de madres que oscilen contradictoriamente entre estas dos versiones patológicas opuestas de la maternidad. En una película como *Mommy* (2014), del jovencísimo y genial realizador canadiense Xavier Dolan, aflora una representación de la maternidad que parece encarnar precisamente esta oscilación. En cierto modo, la pareja madre-hijo protagonista de la película se parece a la típica pareja simbiótica de la ideología patriarcal de la maternidad: no hay ningún otro mundo fuera de ella, no existe un tercero, no hay padre, no hay hombres, no hay nada. En primer plano tenemos una relación madre-hijo (al que se le ha diagnosticado trastornos de déficit de atención e hiperactividad) que parece excluir cualquier otredad. Es una negación que el director canadiense transfiere con destreza mediante una solución técnica traumática: tomas en plano americano –en las que

39. Véase P. Handke, *Infelicità senza desideri,* Garzanti, Milán, 2013 [trad. esp.: *Desgracia impeorable,* trad. de Eustaquio Barjau con María Parés, Alianza, Madrid, 2010].

está ausente lo que hay fuera de la pantalla— ponen de relieve un mundo en el que no hay alteridad, en el que no hay «fuera» alguno.[40]

A pesar de que la madre esté profundamente preocupada por el destino de su hijo adolescente y reconozca que su condición notablemente problemática pueda deberse a un problema de «apego», es ella la primera en alimentar este «apego» patológico atribuyéndole cualidades que, evidentemente, él no tiene, minusvalorando sus defectos. Steve, el hijo, consume drogas, es violento, sufre crisis incontrolables de agresividad, no puede hablar sin caer en la vulgaridad, es incapaz de estudiar y de cumplir con sus compromisos, no tiene sentido de respeto por su madre ni por otros adultos, carece de amistades o de vínculos afectivos fuera del que tiene con su madre. Pero para su madre es «un príncipe» con un «gran carisma», mientras que ella es para él el amor que perdurará para siempre, su absoluta «prioridad»; él «vive por ella», como reza el título de una canción de Andrea Bocelli que el joven dedica a su madre en un karaoke inquietante, antes de desencadenar una pelea en el club debido a las atenciones galantes que, mientras él está cantando, un hombre dispensa a la mujer.

Los rabiosos celos del hijo no soportan que la madre sea también una mujer, no toleran la pérdida del objeto de su amor incestuoso. Señalan que entre ambos —entre la madre y el hijo— hay un vínculo que a nadie le está permitido romper. Cuando la madre trata de asumir una función educativa, no puede dejar de ser retórica, solo puede repetir sin convicción genuina los tópicos de una pedagogía del desarrollo: «El amor que sientes por mí disminuirá

40. Es una observación de Andrea Bellavita (Universidad de Insubria) en una conversación privada.

146

con tu crecimiento, mientras que el mío aumentará», le explica.

En realidad, los dos se muestran unidos de forma narcisista. «Aún estamos tú y yo, ¿verdad?», le pregunta el hijo a su madre. «Es lo que mejor nos sale. Solos tú y yo», le responde ella. Está claro: Steve ocupa el lugar del Yo de la madre; al contemplarlo como si fuera «un príncipe», la madre refleja su propio narcisismo. La idealización del hijo estimula un amor sin límites, que sumerge a la pareja en una locura incestuosa. El drama de Steve está unido a las dificultades de su madre para reconocer los problemas del hijo junto a los propios. No existe para el hijo ninguna otra posibilidad de identificación, más que con esa representación «maniacalizadora» que de él mismo le devuelve su madre.

La frenética búsqueda por parte de Steve de fotos de su padre muestra sus intentos de despegarse de la posición de objeto del goce materno y su incapacidad para hacerlo. Para él no hay otras identificaciones posibles más allá de su madre. La directora del instituto de rehabilitación al que se le asigna durante un breve periodo de tiempo, antes de ser alejado de allí por haber provocado un incendio al comienzo de la película, es muy precisa en su diagnóstico de esta pareja incestuosa cuando, dirigiéndose a la madre, le dice: «Amarlo no significa poder salvarlo.» No es, en efecto, el amor materno el que, en este caso, salva de la enfermedad, sino que es precisamente su carácter incestuoso –el amor sin límites– lo que genera y preserva la enfermedad.

A diferencia de Christine Collins –la protagonista de *El intercambio* de Clint Eastwood que, como ya hemos visto, se opone antigonianamente a la Ley de la ciudad que pretende imponerle la sustitución de hijo, en nombre de su condición insustituible, en nombre de otra Ley y no del ideal narcisista del hijo–, la madre de Steve recurre a la Ley brutal del internamiento para poner fin a la ausencia de Ley que caracteriza la vida de su hijo. Se encomienda a la violencia de la Ley, a la Ley policial que ocupa el lugar que deja la ausencia de la Ley simbólica, de la ausencia de la Ley de la castración –en la madre y en el hijo– como la única forma posible de una Ley humanizada. Pero este recurso desesperado no es suficiente para inscribir la Ley ni en ella ni en el hijo.

Para Christine, por el contrario, el deseo de la madre entra en conflicto precisamente con la Ley sin Ley del internamiento. Christine rechaza la violencia de la Ley que pretende hacerle aceptar el intercambio de hijos. Por esta razón será ella, y no el hijo, quien se vea sometida al tratamiento brutal del internamiento psiquiátrico. En nombre de la Ley no escrita del amor por el nombre de su hijo, Christine prefiere soportar la injusticia de la Ley del internamiento en lugar de ceder a la Ley; Christine demuestra que existe otra Ley frente a la estúpidamente disciplinaria de la fuerza bruta y a la perversa del goce sin Ley (encarnado por el psicópata mancillado por las vejaciones y el asesinato de su hijo y de otros niños); Christine muestra la fuerza de la Ley del deseo.

La madre de *Mommy,* en cambio, es una madre que aspira a obrar por sí misma, pero que, por esa misma razón, se ve obligada al final a delegar totalmente en el Otro del internamiento toda responsabilidad educativa. Es una madre incapaz de captar la conexión entre su amor sin límites –su rechazo a reconocer las imperfecciones de su hijo– y el profundo malestar de Steve; no es capaz de ver que el amor sin límites no necesariamente salva la vida, sino que puede incluso contribuir a que enferme. La madre

148

de *Mommy* representa la doble faz de la patología de la maternidad: por un lado, la presencia excesiva, la falta de distancia, el canibalismo devorador; por el otro, la indiferencia, la ausencia de amor, la lejanía, la exaltación narcisista de sí misma.

El problema de la madre narcisista no es, en efecto, el de separarse de sus hijos, sino el de tener que cuidarlos; no es el de ser abolida de forma masoquista como mujer en la madre, sino el de vivir su propia conversión en madre como un ataque, una desventaja, social incluso, respecto a su ser mujer. El impulso devorador de la madre-cocodrilo se transfigura en la obsesión por su propia libertad y por su propia imagen, que la maternidad amenaza con desfigurar o limitar. El hijo no es ya una propiedad que se reivindica, sino un peso del que desembarazarse lo antes posible. Pero si la maternidad se vive como obstáculo para la realización personal es porque se ha perdido esa conexión que une de forma generativa el ser madre con el ser mujer. Si hubo una época –la de la ideología patriarcal– en la que la madre tendía a matar a la mujer, ahora el riesgo parece el contrario: que la mujer puede matar a la madre.

3. LA HERENCIA DE LA MADRE

La potencia materna

El niño depende sin reservas de la existencia de la madre, algo que no ocurre en ningún otro vínculo humano. Observemos a un recién nacido en brazos de su madre: ninguna relación es tan desproporcionada, desequilibrada, subyugante; en ninguna relación humana uno ocupa una posición de tan pura omnipotencia respecto al otro, uno depende en todos los aspectos del otro. Esta desproporción contrasta marcadamente con la llamada «omnipotencia infantil». Es una observación de Lacan: la omnipotencia nunca es del niño, es siempre del Otro.[1] El desequilibrio de la relación madre-hijo confiere a la madre un poder sin límites:

1. «La estructura de la omnipotencia no está, contrariamente a lo que se cree, en el sujeto, sino en la madre, es decir, en el Otro primitivo. Quien es omnipotente es el Otro. Pero tras esta omnipotencia se encuentra la carencia última de la que se haya suspendida su potencia», J. Lacan, *Il seminario. Libro IV. La relazione d'oggetto*, *op. cit.*, p. 181.

La madre posee sobre su hijo mayor poder del que haya soñado jamás el peor de los tiranos. La propiedad del amo sobre el esclavo, el patronazgo del señor sobre el siervo, el dominio del esbirro nazi sobre su prisionero, no son nada cuando los comparamos con la posesión efectiva de la madre sobre el neonato inerme. En el caso de la relación entre adultos siempre es posible preservar un ámbito de libertad interior: cabe siempre hurtar a la opresión una parte de nosotros mismos para no ser anulados. Para el niño recién nacido no tiene más posibilidades de huida que la muerte, física o psíquica.[2]

La potencia de la madre implica decisión sobre la vida y la muerte y, por esa razón, expone siempre a cada madre al riesgo de pensarse fantasmática e incestuosamente como la única «propietaria» del hijo. Una madre nunca es solo pura luz, manos, rostro, seno que se vuelve signo de la presencia, amor por el nombre, defensa del carácter insustituible de la existencia de hijo, sino que es asimismo una fuerza oscura que puede aniquilar la vida, una fuerza que prescinde de cómo se comporta la madre con su pequeño, porque atañe al ser de la madre como tal, su desproporción absoluta en relación con la condición inerme de su hijo:

> Sea imperativa, posesiva, obscena, o por el contrario indiferente, fría y mortal, demasiado presente o demasiado fuera, demasiado atenta o demasiado distraída, sea que se atiborre o que pase privaciones, que dispense cuidados o desdenes, con sus rechazos o con sus regalos, [la

2. S. Vegetti Finzi, *Il bambino della notte, op. cit.,* p. 252 [trad. esp., p. 255].

madre] es para el sujeto una figura de sus primeras angustias, la sede de un insondable enigma, de una amenaza oscura.[3]

Incluso un padre puede reivindicar, no menos fantasmáticamente, un derecho de propiedad sobre el hijo exigiendo que siga sus pasos o que realice fálicamente las expectativas que ha depositado en él. Pero en el caso de la relación madre-hijo, el *fantasma de propiedad* acompaña originariamente a la experiencia real de una dependencia absoluta que tuvo lugar en el arranque de la existencia como vínculo vital entre dos cuerpos. Quizá por esta razón también, para un padre resulta más fácil separar el ámbito de la responsabilidad educativa del de los cuidados, encarnar una responsabilidad sin propiedad. Para una madre, la renuncia a la propiedad del hijo puede presentarse en cambio como más tortuosa y difícil, porque toda madre ha experimentado una posesión absoluta de su propio hijo y de un goce unido a esa posesión de la que el padre, por el contrario, queda excluido desde el comienzo de la vida.

Eso significa que para una madre es necesario aprender a renunciar a su propio hijo, a trascenderse a sí misma, a morir —como le sucede a Sara en relación con Isaac— como dueña del hijo, mientras que para un padre esa «muerte» ya ha ocurrido, ya ha tenido lugar desde siempre; el padre no ha atesorado experiencia alguna de la continuidad de los cuerpos, de la generación de la vida, de la espera del hijo y del acontecimiento de su venida al mundo. Cuando la maternidad se realiza de forma auténticamente genera-

3. C. Soler, *Quel che Lacan diceva delle donne,* Franco Angeli, Milán, 2005, p. 90 [trad. esp.: *Lo que Lacan dijo de las mujeres,* trad. de Ana Palacios, Paidós, Buenos Aires, 2006].

dora –como le ocurre a la «verdadera» madre en la escena del juicio de rey Salomón–, la propiedad del hijo se cede en nombre de una responsabilidad que renuncia antes que nada a la posesión del cuerpo del hijo, a esa intimidad oscura que une los cuerpos de quien ha sido generado y de quien lo ha generado.

Una de mis pacientes, cada vez que aparecen en sus sueños huracanes o terremotos u otras catástrofes naturales, los asocia inmediatamente a la figura de su madre. Alcohólica y violenta desde que ella tiene memoria, su presencia causaba en su hija un efecto de impotencia abrumadora debido a sus repentinos cambios de humor («Era como estar en manos de alguien que puede hacerte de todo»). También la inhibición sexual que caracterizaba la vida de esta paciente mía estaba asociada con la potencia indescifrable de su madre; el ser «tomada» por un hombre provocaba en ella un temor unido al agarrotamiento de su cuerpo, que el análisis ha reconducido gradualmente a la sensación de haber sido un objeto en las manos poco fiables de su madre, de haberse sentido amenazadoramente «absorbida» por ella.

Tenemos aquí en primer plano una profunda asimetría: una vida indefensa se sustenta únicamente a través de la vida del Otro. Esto significa que no existe omnipotencia narcisista infantil porque la única omnipotencia que conocemos es la del Otro materno, de la que la vida del niño pende literalmente, puesto que es la madre la que decide «arbitrariamente» si responde a las llamadas del niño.[4] Por esta razón precisamente, en cuanto Otro omnipotente, la madre aparece a menudo en los razonamientos

4. Véase J. Lacan, *Il seminario. Libro IV. La relazione d'oggetto*, op. cit., pp. 200-201 [trad. esp., pp. 183-185].

de los pacientes bajo la figura de la «acusada».[5] Y siempre por la misma razón, porque lo que dice la madre tiene la naturaleza de sentencia en la que el sujeto puede correr el riesgo de quedar colgado, fijado, petrificado.

El niño puede realizar diferentes maniobras para intentar perforar esa omnipotencia tratando de hacer que la madre se ausente. Las rabietas infantiles son maniobras de este tipo. No son en absoluto expresión de omnipotencia infantil, que no existe, sino que sirven al niño para tratar de reducir la omnipotencia materna dejando espacio a sus peculiaridades. Ejemplar es el rechazo de los alimentos, que en los niños tiene la finalidad de escapar de las garras del Otro omnipotente, de establecer una distancia necesaria en relación con las exigencias del Otro –«¡Come! ¡Come!»– con el fin de existir como sujeto dotado de su propio deseo. Todo niño se ha topado con la madre como expresión de una omnipotencia que no depende de Ley alguna, una zona oscura, inaccesible, impenetrable, caprichosa. La potencia de la madre no tiene límites porque se ejerce sobre un ser –el niño– que se halla en la imposibilidad de ser independiente. Lo decía perfectamente Sartre a su manera: nacemos siempre como objetos en las manos del Otro.

Uno de mis pacientes recuerda con gran ansiedad un relato de su madre que escuchó por primera vez a la edad de siete u ocho años: cuando todavía dormía en la cuna, exhausta por su llanto inconsolable, la madre lo había tomado en sus brazos y, en lugar de tratar de calmarlo, con un impetuoso gesto de hartazgo lo había lanzado al vacío por encima de la cama. La potencia materna, carente de diques, puede aparecer como una fuerza oscura que ni si-

5. C. Soler, *Quel che Lacan diceva delle donne, op. cit.,* p. 90.

quiera el Nombre del Padre es capaz de sanear en su totalidad. El síntoma que afligía a mi paciente en su vida adulta evocaba ese trauma inicial. En efecto, cada vez que se topaba con una mujer deseable se sentía, literalmente, caer al vacío.

La sentencia materna

El nacimiento biológico del niño siempre se ve anticipado por el deseo del Otro, por sus esperanzas, por sus expectativas y por sus fantasmas. «La relación insondable» que une al hijo con las aspiraciones del Otro implica la existencia de una especie de «dicho primero» que asume el carácter de una sentencia o de un enigma que hay que descifrar.[6] Ese «dicho» «decreta, legisla, "aforiza", es oráculo, confiere al otro real su oscura autoridad».[7] Nuestra vida se compone de las pistas que la relación con nuestra madre ha dejado en nosotros, de la estratificación de señales

6. Véase J. Lacan, «Giovinezza di Gide o la lettera e il desiderio», en *Scritti, op. cit.,* vol. II, p. 754 [trad. esp.: «Juventud de Gide o la letra y el deseo», en *Escritos, op. cit.,* tomo 2]. No obstante, el propio sujeto se constituye siempre como la reanudación, igualmente insondable, de ese «dicho primero». Es el caso de Gustave Flaubert, estudiado por Sartre, y es el caso de Gide, estudiado por Lacan. El proceso de subjetivación se moviliza alrededor del enigmático punto donde surge el significante del Otro, su «dicho primero». Es que lo que el niño interroga y el punto del que permanece necesariamente suspendido. Véase J.-P. Sartre, *L'idiota della famiglia. Gustave Flaubert dal 1821 al 1857,* il Saggiatore, Milán, 1977 [trad. esp.: *El idiota de la familia, 2: Gustave Flaubert desde 1821 a 1857,* trad. de Patricio Canto, Tiempo Contemporáneo, Buenos Aires, 1975].

7. J. Lacan, «Sovversione del soggetto e dialettica del desiderio», en *Scritti, op. cit.,* vol. II, p. 810.

que el encuentro con el cuerpo, la voz, la lengua de la madre ha impreso en nosotros. Es una memoria inconsciente que cada uno acarrea consigo. Para captar el sentido de la vida de un sujeto siempre hay que hacerse la misma pregunta: «*¿Qué fue para ese niño su madre, y esa voz por la que el amor se identificaba con los mandatos del deber?*»[8] Hay, de hecho, en el origen de la vida una «relación insondable que une al niño a los pensamientos que han rodeado su concepción».[9] Si una madre se ha dejado absorber de manera unilateral por su ser madre –si, por ejemplo, para convertirse en madre ha sacrificado su ser mujer–, la posición del niño sufrirá de un exceso de presencia y el vínculo materno se configurará como un vínculo asfixiante, como un obstáculo para la separación, el cuerpo de la madre se acostará sobre el del hijo con el mismo desenlace fatal que hemos analizado en la escena bíblica del juicio de Salomón.

La madre no es un envoltorio, un nicho, una cáscara destinada a romperse para liberar al sujeto y su diferenciación, como sostiene el modelo evolucionista del desarrollo.[10] Más que un envoltorio protector, el Otro materno actúa manifestándose principalmente como un conjunto de huellas, signos, marcas que se graban en el inconsciente del niño. Este es el caso de un paciente, implicado con gran éxito en su trabajo de diseñador gráfico publicitario, que describe con aguda nostalgia y añoranza los domin-

---

8. J. Lacan, «Giovinezza di Gide», *op. cit.*, p. 752 (la cursiva es mía).

9. Ibídem.

10. Véase, por ejemplo, M. Mahler, F. Pine y A. Bergman, *La nascita psicologica del bambino*, Boringhieri, Turín, 1984 [trad. esp.: *El nacimiento psicológico del infante humano*, trad. de Eduardo J. Prieto, Marymar, Buenos Aires, 1977].

gos por la tarde que pasaba de niño en el cine con su madre. Frente a la dificultad para hallar algo de luz en los ojos de su madre –siempre imbuidos de una enigmática tristeza de fondo–, quedaba profundamente impresionado por cómo las imágenes cinematográficas tenían el poder de captar y despertar su interés. Mientras su madre estaba absorta siguiendo las escenas de la película de animación como embelesada, la mirada del niño quedaba imantada por la de la madre. Su pasión por las imágenes gráficas destinadas a atraer el deseo de sus destinatarios tenía este origen inconsciente: encontrar imágenes capaces de despertar la luz de la mirada materna, de solventar su tristeza angustiosa.

La madre no es solo un Otro del que la vida del niño está materialmente suspendida, sino que ocupa el centro del ser mismo del sujeto. Es un Otro al que el niño parece más unido que a sí mismo; no es, en efecto, solo el Otro del que depende mi vida, sino el Otro que me constituye como tal. Es la forma más primordial de la herencia: venimos a la luz del mundo solo a través del deseo del Otro, acarreando la impronta de ese deseo en nosotros, en el centro de nosotros mismos. Mientras que la herencia paterna se centra en la transmisión del deseo en su relación con la Ley, la materna implica una inscripción más originaria del deseo como factor que instala en el ser humano el *sentimiento mismo de la vida*. Esta es la memoria fundamental que nos une a la madre.

Desde antes de la concepción y la gestación, albergar o rechazar la vida del hijo no es solo una cuestión biológica, sino que implica un consentimiento inconsciente, un «¡sí!» a nivel del deseo. Es la primera pregunta que debemos hacernos al interrogar la constitución humana de la vida: esta vida, tu vida, ¿fue deseada, querida, esperada o se vivió como una maldición, un desaire del destino, un ultraje? ¿Tuvo lugar en la indiferencia como una necesidad sin deseo, como una regla anónima que impone a la mujer el convertirse en madre, o bien fue concebida y escogida por Dos que se aman? Más importante que asegurar la satisfacción y la gratificación al niño es haber acogido su vida en el deseo, es haberla deseado, buscado desde antes de su concepción.[11] Si este deseo está ausente, si el niño no es deseado antes de su nacimiento, si no se le quiere, si ningún deseo lo está aguardando, las consecuencias serán una mutilación de su sentimiento de la vida.

Podemos releer desde este punto de vista una novela como *Las palabras para decirlo,* de Marie Cardinal. Una mujer sufre un síntoma que no la deja vivir –la pérdida continua de sangre por la vagina–, sintiéndose perdida y llena de angustia. En ese síntoma se muestra el encuentro traumático con el relato de su madre –que se lo refirió en plena adolescencia, después de la aparición de la menarquía– sobre el origen de su vida. Esta madre fría, gélida, católica y burguesa, siempre respetuosa con la etiqueta social, le cuenta que la concibió justo cuando había decidido separarse de su marido. Mientras el cuerpo de su hija está entrando en la sexualidad, la madre se apresura a contarle la de desgracias que esto conlleva: «Debo hablarte, debes saber lo que se puede soportar por una tontería, ¡por culpa

11. «Es la experiencia la que nos ha enseñado lo que conlleva, en términos de consecuencias en cascada, de desestructuración casi infinita, el hecho de que un sujeto, antes de su nacimiento, haya sido un niño no deseado. Este término es esencial, es más esencial que haber sido en tal o cual momento un niño más o menos satisfecho. El término niño deseado [...] responde a la constitución de la madre en tanto que sede del deseo», J. Lacan, *Il seminario. Libro V. Le formazioni dell'inconscio, op. cit.,* pp. 263-264 [trad. esp., p. 266].

de unos segundos...!».[12] Si su moral católica le impide abortar, hay otras maneras para interrumpir el embarazo. Esta madre los experimenta todos contándoselos con todo detalle a su hija:

> Busqué mi bicicleta que estaba llena de herrumbre en la cochera desde no sé cuánto tiempo y pedaleé por el campo [...]. Nada. Monté a caballo durante horas y horas [...]. Nada. [...] iba a jugar al tenis, en pleno calor. Nada. Tomé quinina y tubos enteros de aspirinas. Nada. Escúchame bien: cuando un niño se ha aferrado, no se puede hacer nada para desaferrarlo. Y un hijo es algo que se atrapa en cuestión de segundos. ¿Me comprendes? ¿Comprendes por qué quiero que saques provecho de mi experiencia? ¿Comprendes que caemos en una trampa?[13]

Lo que hubiera debido ser un discurso para animar a la hija y que asumiera su nuevo cuerpo de mujer, se convierte por el contrario en la ocasión para revelarle que no hubo deseo alguno de aceptar su vida, que su nacimiento fue una «trampa», algo a lo que la madre se «resignó» solo después de haber intentado de todo para impedirlo. El dicho materno adquiere aquí el carácter de una sentencia. El acceso a la vida –y a la sexualidad– se muestra obstaculizado por la ausencia de transmisión del deseo materno. Esta ausencia deja a la hija en una desesperada soledad, sustrayéndole el derecho a existir. El sentimiento de la vida no llega a instalarse, no se transmite. La continua hemorragia

---

12. M. Cardinal, *Le parole per dirlo*, Bompiani, Milán, 1976, p. 139 [trad. esp.: *Las palabras para decirlo*, trad. de Marta Pesarrodona, Noguer y Caralt, Barcelona, 2000, p. 149].

13. Ibídem, p. 140 [trad. esp., p. 150].

de esta mujer parece inscribir las palabras de la madre directamente en el cuerpo: la vida es una herida que nunca deja de expurgar.

La herencia materna

La herencia materna atañe a la transmisión del sentimiento de la vida. La ausencia de deseo materno hace que la vida carezca de sentido, la expone al abismo del sinsentido volviéndola superflua, sobrante, injustificada. Eso no significa que la vida no lleve consigo esa falta de fundamento y ese mismo sinsentido. Pero es precisamente por esa razón, precisamente porque la vida llega a la vida carente de sentido, arrojada a la existencia, como dirían Heidegger y Sartre, por lo que invoca su inclusión en el sentido.

¿No fue eso lo que vi de niño en las manos de la madre de Turín? La existencia, que es una caída al vacío, suspendida sobre el abismo del sinsentido, invoca las manos de la madre, grita pidiendo socorro, se aferra a esas manos para no caer en el abismo. Mientras que la herencia paterna atañe a la transmisión del deseo en su relación con la Ley, la materna atañe a la dimensión de la vida como tal, al derecho a la existencia, al derecho a estar en el mundo. La clínica del psicoanálisis lo demuestra cotidianamente: allá donde la vida no ha sido esperada, querida, deseada, el sentimiento de la vida se oculta, es frágil, no acompaña a la existencia.

Una de mis pacientes me habla de los insultos feroces de su madre unidos a una brutal violencia física que la abrumaron desde la infancia. Esta madre, a su vez, fue abandonada por sus padres sin que llegara a saber nunca el motivo. Una profunda depresión la acompañó durante toda su vida. En los insultos que dirigía a su hija y en el maltrato que le propinaba, esta mujer identificaba a su hija con ella misma: ella había sido «la mierda del Otro», el objeto de descarte, el objeto golpeado, insultado, regañado, humillado, dejado caer.

En este caso no hay transmisión del sentimiento de vida: para este paciente, ese sentimiento no puede provenir de su madre en cuanto generadora, sino de su abuela paterna, antigua cantante de ópera. La pasión de su abuela por el canto alivia su dolor y restaura el sentido del mundo. El canto de la abuela hace posible el encuentro con un «plus de vida» que la redime de la caída al vacío. Para esta mujer, las manos de la madre tuvieron la forma de la voz de la abuela. Durante los largos periodos de hospitalización de la madre deprimida, la niña vivía con sus abuelos paternos. La abuela, cuando la iba a acostar, le contaba sus historias cantándoselas cada vez de manera diferente. Su voz era para ella como un bálsamo. Esa niña responde al insulto y a la violencia desarrollando un amor absoluto por la voz, identificándose con la voz de la abuela. La voz suave y libre de su abuela se convierte en el antídoto contra la voz metálica y furiosa de la madre.

Y eso será lo que, ya de mujer, buscará en todos los hombres a los que ha amado profundamente. Se enamorará siempre de su voz para que esta pueda devolverle el reconocimiento de su condición amable, contradiciendo la ferocidad de la violencia materna que la crucificaba en la posición de objeto rechazado. La voz se desdobla: por un lado, es huella traumática de la voz materna, del insulto y de la violencia; por otro, es la tonalidad suave de la abuela. Haciendo del canto la razón de su vida, esta mujer subjetiva la herencia materna no como herencia de sangre, como esa maldición de la repetición que ahoga la garganta de su madre –identificada a su vez con la madre del rechazo que ella misma había sufrido en el abandono injustificado de su vida–, sino como herencia simbólica, como herencia que se produce gracias a un encuentro. «El canto hace que me sienta viva», dice. Es a través del canto como se transmite el deseo de una generación a otra. Sus dificultades para quedarse embarazada evidencian los residuos de la adherencia a la madre traumática; el terror de convertirse en una madre como lo fue la suya parece descartar para esta mujer la posibilidad de acceder a la maternidad.

La madre muerta

La incidencia de la depresión materna en la transmisión del sentimiento de la vida está en el centro de figura de la «madre muerta» teorizado por André Green.[14] En lugar de transmitir el sentimiento de la vida, el deseo de la madre puede enquistarse en el inconsciente del hijo como deseo ausente, blanco, congelado, en hibernación, muerto. En lugar de ser «el manantial de la vitalidad del niño», la madre muerta aparece como una «figura distante, átona, casi inanimada»[15] que obstaculiza la transmisión del deseo. No es simplemente la madre deprimida, carente del sentimiento de la vida, sino más bien una presencia paradójica que, precisamente en su condición de ausente, está constantemente presente (de una forma opresiva) en la vida del sujeto. La madre muerta no es la madre perdida, la ma-

14. Véase A. Green, *Narcisismo di vita, narcisismo di morte*, Borla, Roma, 2005, pp. 265-303 [trad. esp.: *Narcisismo de vida, narcisismo de muerte*, Amorrortu, Buenos Aires, 1999].
15. Ibídem, p. 265.

dre realmente ausente, sino la madre de la que resulta imposible elaborar el duelo, de la que parece que nunca podremos separarnos; un ser engorroso, en su condición de ausencia siempre presente.

En un sueño recurrente, uno de mis pacientes –cuya madre, después de una separación matrimonial, se retiró de la vida y de sus vínculos con su hijo– siente que lleva en la boca veneno, trozos de cristal, «algo peligroso» que no consigue escupir ni deglutir. Este peligro se asocia con la madre, con su ausencia siempre presente, imposible de dejar atrás o de metabolizar, imposible de engullir y de exteriorizar.

La madre muerta se inscribe en el inconsciente del sujeto a partir del fracaso de un duelo. La aparición de la depresión materna interrumpe bruscamente un primer periodo positivo e idealizado en la relación madre-hijo. La madre se ve obligada a desviar sus amorosos cuidados del niño para concentrarlos en una operación de duelo imposible de llevar a término. El efecto de este desplazamiento resulta catastrófico para el niño: de núcleo pulsante y afectivo de su vida, la madre se convierte de repente en un «núcleo frío» incapaz de amar. La respuesta del niño será entonces una «desinversión del objeto materno» y, paradójicamente, una «identificación inconsciente con la madre muerta»[16] para evitar el dolor psíquico causado por la retirada traumática de la madre. La herencia materna se transforma así en una prisión, la transmisión en una maldición, la presencia del Otro en un agujero psíquico que no puede ser colmado. El efecto es el de una cerrazón del sujeto a las posibilidades transformativas del amor, es «el amor congelado de la desinversión»:[17]

16. Ibídem, p. 276.
17. Ibídem, p. 282.

Con su capacidad de amar bloqueada, los sujetos que se hallan bajo el dominio de una madre muerta solo pueden aspirar a la autarquía. La vida de pareja les está vedada: la soledad, que era una condición angustiante, digna de ser evitada, cambia de signo, y de negativa se convierte en positiva [...]. El sujeto se encierra en un nido. Se convierte en su propia madre, pero sigue siendo un prisionero de su economía de supervivencia. Supone que se ha despedido de su madre muerta. En realidad, esta no le deja en paz, más que en la medida en que a ella misma la dejan en paz. [...] Este núcleo frío abrasa y anestesia como el hielo, pero el amor sigue sin estar disponible, ya que se lo percibe como algo frío.[18]

En el caso de una de mis pacientes, la muerte traumática de su hermano mayor muy querido por ella y por su madre había abierto un abismo en su familia. La madre, que siempre había manifestado por sus dos hijos una ternura y una entrega especiales, se sumió en una grave depresión. Mi paciente se vio abocada de repente a perder a la vez a sus dos figuras de referencia, la de la madre y la del hermano. Mientras su madre se veía succionada por una regresión psicótica que la llevó al rechazo de los alimentos y del habla y a actitudes de intención suicida, la paciente se ha visto en distintas ocasiones expuesta a situaciones de riesgo para su cuerpo (accidentes, violencia sexual, somatizaciones graves).

No solo tuvo que enfrentarse a las dificultades para elaborar el duelo por su hermano muerto y el sentimiento de culpa que eso provocó en ella (no le había disuadido

18. Ibídem, p. 283.

con la suficiente convicción de realizar el viaje que le costó la vida), sino que también tuvo que hacerse cargo de la imposibilidad del duelo por parte de su madre, que se quedó clavada en la identificación con su hijo muerto. El rechazo de su propio cuerpo evidenciaba la presencia de una madre que, en lugar de acompañarla en el duelo por su hermano, había caído en un abismo sin fondo. ¿Cómo deshacerse del peso de esta doble sombra –la muerte del hermano y la reacción melancólica de la madre–, del peso de la madre muerta?

La sombra de la madre muerta desactiva el deseo del sujeto impidiendo una herencia positiva. El heredar se convierte en un movimiento de pura conservación y no de reconquista. Se trata de «alimentar a la madre muerta, para preservarla eternamente embalsamada».[19]

Es algo que también podemos encontrar en la ya mencionado novela de Andrea Bajani. La incapacidad de completar el duelo por su familia de origen lleva a esa mujer a una vida hecha de fugas, ausencias, desesperación. También la vida de su hijo parece ocupada por la sombra densa de la depresión materna. Solo en la escritura puede producirse una suerte de redención de la vida a través de una operación de duelo que se vuelve posible para él a pesar de que hubiera resultado imposible para su madre.

19. Ibídem, p. 290. Prosigue Green: «El paciente se pasa la vida alimentando a su muerto [...]. Guardián de la tumba, único que posee la llave de la cripta, cumple en secreto su función de padre adoptivo: retiene a su madre muerta, prisionera, y esta sigue siendo su propio bien exclusivo. La madre se ha convertido en el niño del niño.»

¿Cómo puede una hija recibir, hacer propia o reconquistar la herencia materna? ¿Cómo puede concederse una hija, que atesora la experiencia de una proximidad especial —respecto a la del hijo varón— con su propia madre, autorización para entrar en el proceso de filiación diferenciándose de su madre? ¿Cómo puede hacer generativa una hija la memoria de su madre?

El cuerpo a cuerpo que caracteriza la relación madre-hija en su originaria indiferenciación no facilita en absoluto el movimiento del heredar, sino que lo hace mucho más difícil y tortuoso respecto a la relación madre-hijo. Para este último la herencia se produce siempre con el trasfondo de una ausencia, de una discontinuidad, de una diferencia ya constituida. Incluso el padre como objeto de identificación aparece separado desde el principio, despegado, diferente del hijo. Para una hija, en cambio, el heredar puede ser más complicado debido precisamente a una proximidad de los cuerpos, a una especularidad evidente que caracteriza desde un principio la relación madre-hija. ¿Cómo disolver este vínculo arcaico? ¿Cómo hacer posible una diferenciación no por oposición sino por reconocimiento de una descendencia, de una deuda simbólica con la madre? La herencia, para una hija, puede, por ejemplo, adquirir la forma masoquista del sacrificio o de la inadecuación de sí misma frente a un ideal materno situado como inalcanzable, o bien puede desencadenar una adherencia excesivamente estrecha con la vida de la madre o, más aún, puede dar lugar a la repetición perversa de un goce —el de la madre— del que la hija no logra separarse.

«¿Cuántos cocos podría valer?», bromea ferozmente sobre la pequeña Rebeca delante de su madre, estrella de la música, su padrastro en *Tacones lejanos* (1991) de Almodóvar. ¿Cuántos camellos, cuánto dinero, cuántas ventajas obtendríamos si nos libráramos de este niño? Es un fantasma que puede hacer mella en la vida de los niños: ser vendidos al precio más bajo posible, ser mercancía de intercambio, bienes entre otros bienes. Como ya hemos visto, Lacan fija el fantasma primario del niño en la frase «¿Puedes perderme?», que pide confirmación de la condición insustituible del niño en el deseo sus padres, de su singularidad. Igual que le ocurre a la madre protagonista de *Sonata de otoño* (1978), de Bergman, que no por casualidad Rebeca cita a su madre en la película de Almodóvar como un ejemplo de mortificación de la hija, la madre de Rebeca no quiere renunciar a su carrera para cultivar con más cuidado su ser madre. Esta mujer defiende su independencia y su éxito, vive para la música, para exhibirse en el escenario y no para cambiar pañales. Es una ilustración eficaz de la figura de la madre narcisista.

Cuando la madre y la hija se reencuentran al cabo de muchos años (Rebeca se ha convertido para entonces en una mujer joven, casada sin saberlo con un antiguo amante de su madre), ante la noticia de que la madre está escribiendo una autobiografía la hija le pregunta si ella tendrá un hueco en el libro. «Por supuesto», responde la madre, «eres mi hija.» En esta respuesta aflora invertida la respuesta que la hija de la música de *Sonata de otoño* dará a su madre cuando esta le pregunta si siente de verdad amor por ella: «Por supuesto que te quiero, eres mi madre.» En estas dos respuestas –absolutamente simétricas– encontramos la utilización de los lazos de sangre como un vínculo establecido, natural, que pretende resolver la carencia abierta por la demanda de amor. Pero ser madre de sangre nunca es suficiente para ser madre, por más que el vínculo de la

168

sangre no sea ajeno, no deje de tener siempre incidencia, especialmente en las relaciones madre-hija.[20]

La madre de *Tacones lejanos,* al igual que la de *Sonata de otoño,* es una madre que se pierde todas las ocasiones rituales simbólicamente más significativas para una familia: una no asiste a la boda de su hija, del mismo modo que la otra nunca llegará a conocer a su nieto, que entretanto, a la edad de cuatro años, muere ahogado en un accidente. Lo que aflora como el rasgo que caracteriza la relación entre esas dos madres y esas dos hijas es la carencia de atención materna hacia la particularidad de la hija, hacia su propia singularidad, es la ausencia de un mínimo «interés particularizado». Por ejemplo, la madre de Rebeca llega a hacer un cumplido a su hija por sus pendientes sin acordarse de que ella se los ha regalado.

Con su estilo de fuegos artificiales, Almodóvar carga un poco las tintas: la madre, que había sido amante del actual marido de su hija, puede reanudar su relación clan-

---

20. Un inquietante relato como el de Helga Schneider, titulado *Déjame ir, madre,* lleva al extremo esta condición narrando la historia autobiográfica de una mujer que se encuentra con su propia madre, ya al final de su vida, al cabo de muchos años. La madre había abandonado a sus dos hijos pequeños para enrolarse en las SS y convertirse en un *kapo* en el campo de concentración de Auschwitz-Birkenau. La anciana madre no deja de reivindicar su pasión por el Tercer Reich y su feroz antisemitismo. ¿Qué queda aquí de la relación madre-hija? El vínculo de la sangre no es suficiente para sancionar el amor de una hija por una madre cuya oscura pasión la imposibilita como objeto de amor, aunque no deje de actuar como un lazo que aprieta, un vínculo oscuro, la sombra sombría del amor, una relación que no une en el deseo recíproco, sino en la obligación. Véase H. Schneider, *Lasciami andare, madre,* Adelphi, Milán, 2001 [trad. esp.: *Déjame ir, madre,* trad. de Elena de Grau Aznar, Salamandra, Barcelona, 2006].

destina con el hombre arrebatando a su hija el amor de su vida. En realidad, incluso el apego de Rebeca a su marido es solo el producto de una identificación total con la madre; ella quisiera ser el ideal inalcanzable de su madre, pero solo puede vivir a su sombra. La herencia fracasa debido a un exceso de identificación cuyo sustrato resulta profundamente incestuoso: Rebeca revelará a su madre que, siendo niña, causó la muerte de su padre para quedarse sola con ella. Pero la madre, traicionando su palabra, a pesar de esta terrible prueba de amor, prefirió su carrera a la adherencia enloquecida de su hija. Esa es su culpa radical, la que hace infeliz su vida: la culpa de haber renunciado a su vida para identificarse con la vida de la madre, de haber interpretado la herencia solo como identificación idealizadora del Otro, como permanecer acurrucado a su sombra.

Fracaso de la herencia

También en el núcleo de *Sonata de otoño* se halla la cuestión de la herencia materna y su fracaso. La madre es una mujer, una célebre pianista, que ocupa una posición muy destacada. Ella, al igual que la madre de Rebeca, ha dado preferencia a su propia carrera respecto a la maternidad. Pero mientras que en *Tacones lejanos* la atormentada relación entre la madre y la hija acaba con el sacrificio de la madre para salvar a la hija, en la película de Bergman es la hija la que vive sacrificándose a sí misma. Es la posición de la conciencia resentida que expone el Nietzsche de la *Genealogía de la moral:* vivir en la expiación y en la renuncia para culpabilizar a quienes se han liberado del culto masoquista del sacrificio.

170

La madre de Bergman no es capaz de ocupar la posición de madre y hace oídos sordos a las llamadas de sus dos hijas. Cuando se decide a visitar a su hija mayor, Eva –interpretada por una intensa Liv Ullmann–, vive con evidente bochorno y fastidio el inesperado encuentro con Helena, la hija menor que sufre graves discapacidades psíquicas y físicas. Esta mujer, que sabe cultivar de forma tan sublime el arte de la música, permanece fríamente indiferente al grito de Helena, cuya enfermedad se ha agravado de forma irremediable después de una larga separación de la madre, que se marcha a una de sus numerosas giras. En una escena desgarradora, Helena, retorciéndose en su cuerpo enfermo, llama desesperadamente a su madre, que sin embargo no le contesta; la hija, como un grito sin respuesta, se afana, se arrastra, grita para hacerse oír por su madre.

Al igual que la madre de Almodóvar, la de *Sonata de otoño* tampoco tiene relación con su propia carencia, sino que se muestra como desprovista de carencias, como un ser perfecto e inalcanzable, haciendo de este modo imposible toda herencia. Cuando, por ejemplo, en una escena crucial escucha a Eva practicar en el piano con un *Nocturno* de Chopin, pone de relieve con frialdad todas las lagunas de la ejecución de su hija, que carece de ese toque único que hace posible una interpretación auténticamente subjetiva de la partitura.

Subrayando asépticamente la ausencia de talento de Eva, la madre la mantiene inmovilizada en la posición de hija negándole el acceso a la condición de mujer. No hay en ella ninguna enunciación singular porque la única enunciación singular posible está reservada a la madre por derecho. Todas las críticas que la madre dirige a la hija no sirven para promover la singularidad del contacto de su mano, no favorecen la herencia como movimiento de reconquista, sino que la anulan frente a un ideal inalcanzable que la propia madre encarna y respecto al cual Eva no puede hacer otra cosa que medir toda su insuficiencia.

Para que exista herencia –para que una transmisión del saber resulte posible–, el Otro no debe situarse como aquel que lo posee en su totalidad, sino como aquel que es consciente de la imposibilidad de ser dueño de la clave. La madre de Eva, por el contrario, exhibe sin castración alguna todo su saber, da muestras de saber todo el saber y, precisamente por eso, aplasta inevitablemente a la hija en una inhibición frustrada.

Esta madre narcisista ha excluido de la educación de sus hijas toda carencia: Helena fue internada a la edad de un año, Eva se ve sometida a una disciplina casi militar, forzada a hacer gimnasia con su madre, a vestirse como ella deseaba, a leer libros incomprensibles para su edad, incluso a abortar a la edad de dieciocho años cuando se quedó embarazada de su primer amor. Es obvio: esta madre no sabe transmitir nada aparte de su pasión por la perfección, que hace imposible que emerja la subjetividad de su hija.[21] «¿Eva, tú me odias?», pregunta atemorizada la madre en el curso de una dramática conversación entre ambas mujeres cuando la verdad de su relación se revela en toda su devastación: «Para ti yo solo era un juguete con el que te entretenías cuando no tenías nada mejor que hacer», le responde sin pelos en la lengua su hija. Mientras Helena, como álter ego de la hermana mayor, sigue perdi-

---

21. No existe transmisión eficaz de conocimientos sin custodiar la carencia que la recorre. A este respecto me permito remitir a M. Recalcati, *L'ora di lezione. Per un'erotica dell'insegnamento*, Einaudi, Turín, 2014 [trad. esp.: *La hora de clase. Por una erótica de la enseñanza*, trad. de C. Gumpert, Anagrama, Barcelona, 2016].

da en el sinsentido de la noche («¡Mamá, ven!» «Mamá, ven!», no deja de suplicar arrastrándose por el suelo), su madre le pide a Eva que la perdone por todo el mal que ha causado a sus hijas.

La madre de *Sonata de otoño* no les ofrece, como hace la madre de Turín, las manos a sus hijas; sus manos están dedicadas exclusivamente al piano. Tampoco aparece en su rostro ningún signo de amor. Se trata de una madre incapaz de dar lo que no tiene; solo sabe actuar con lo que tiene, a lo que no quiere renunciar por nada de este mundo. Eva la apremia: «Yo estaba aterrada de no ser como tú me querías..., pensaba realmente que era horrible.» La herencia toma aquí la forma de una discontinuidad mortificante. La hija no tiene ningún derecho a reclamarla: es solo el envés errado, fallido, de su madre. La palabra materna, en lugar de abrir al mundo, excava en el ser de la hija el flagelo del rechazo y la exclusión. Sus expectativas narcisistas, en efecto, eran tener un hijo varón; por el contrario, tuvo dos hijas hembras, una inhibida y fracasada, la otra anormal. «Tenía la esperanza de que fueras un niño», confía desconsolada a la hija, que la escucha siempre incrédula ante su desconcertante y atroz sinceridad.

Cuando la madre tenía que marcharse de casa para ir a dar sus conciertos, el mundo se derrumbaba alrededor de Eva, que perdía las ganas de vivir y se sentía perdida. Cada separación de la madre se le presentaba como un duelo inconsolable. Vivía —como una especie de Telémaco melancólico— solo para esperar el regreso de su madre. Pero cuando la madre volvía por fin a casa, le resultaba imposible celebrarlo porque se quedaba helada y sin palabras. No podía encontrar verdad alguna en el afecto y en las atenciones que su madre le dispensaba de repente y todo era a sus ojos irremediablemente falso.

Esta madre está dividida solo en apariencia, dado que el impulso de afirmación personal de su talento y el deseo de tener una familia no provocan en ella un auténtico conflicto. La familia no pasa de ser un ideal inconsistente que se evapora en su primer contacto con lo real. «Siento tanta nostalgia de mi casa», le confía a un amigo en la escena final de la película después de haber anticipado, como siempre, su intención de marcharse de la casa de la hija, «pero cuando luego estoy aquí, me doy cuenta de que esperaba encontrarme algo que no existe...»

Para Eva, la presencia de la madre no resulta menos dolorosa que su ausencia. «Vivo solo bajo tu luz, los demás no existen..., te las has apañado para aniquilar mi voluntad de vivir», le reprocha, sin paños calientes. Lo sabemos: las palabras de una madre pueden tener el peso de auténticas sentencias, pueden tatuar, herir, abrasar la mente y el cuerpo del sujeto. Pero si es verdad que las palabras de esta madre han dejado marcas indelebles, también han generado quejas infinitas. La madre es la acusada, la causa del mal, el virus, la artífice del desastroso destino de sus dos hijas. Con todo, ni la propia Eva consigue elaborar el luto: nada más percatarse de la marcha de la madre, le escribe inmediatamente una carta en la que le pide que la perdone y que siga queriéndola. El vínculo devastador entre la madre y la hija nunca tiene fin; es un amor sin límites, es un odio que une para siempre.

En esto, la película de Bergman alcanza una verdad crítica del psicoanálisis: la posibilidad de la separación se hace más difícil ante la ausencia de amor que ante su presencia. Cuanta más frustración hay en la demanda de amor, más inaccesible resulta el luto de la separación: una estéril reivindicación recriminatoria crucifica al sujeto en una queja infinita. Lacan ha definido como *ravage* (estrago) el infinito mal que puede caracterizar el fracaso de la herencia en la relación madre-hija.[22]

El «ravage»

El *ravage* señala un vínculo que no se agota jamás, no *a pesar de* ser destructivo, sino precisamente *por ser* destructivo. El odio, declaró una vez Lacan, es una «carrera sin límites». Es el punto en el que la herencia materna fracasa.

Mientras que la relación madre-hijo, como ya afirmaba Freud, se estructura en la tendencia incestuosa a su erotización y, como consecuencia, en su interdicción, la hija está más expuesta a la caída en las espirales destructivas del goce materno. Por esta razón recordaba Freud que la superación por parte de la niña del complejo de Edipo no puede evitar dejar restos de ese primer apego a la madre. El intenso apego que une originariamente a la hija a su madre está destinado a no agotarse nunca. Una hija nunca se separa por completo de su propia madre; su duelo por su primer objeto de amor —la madre— nunca se completa definitivamente. «La de una madre y una hija es una historia que nunca se acaba», dice con melancolía Eva en *Sonata de otoño*.

Un remanente del primer vínculo con la madre tiende a prolongarse a lo largo de toda la existencia de la hija. El tiempo de su disolución se ve dilatado, suspendido o

22. La traducción de *ravage* con el término «devastación» en italiano y con «estrago» en español pone de relieve la dimensión ciega y poderosamente destructiva que esta figura acarrea. El *ravage* señala los efectos de una destrucción que no conserva nada, como ocurre en una guerra despiadada o con algunos fenómenos naturales, como un huracán o un terremoto.

resulta incluso imposible de realizar. Si para Freud se trataba de un residuo del denominado apego «preedípico» a la madre, con el término *ravage* Lacan quiere poner en evidencia cómo en toda hija hay una dificultad específica en la elaboración del duelo que permitiría la disolución simbólica del vínculo que la une a su madre y cómo la perduración de ese vínculo es siempre fuente de una pasión intensamente ambivalente: la hija reclama su separación *de la* madre, pero no puede vivir sin la presencia *de la* madre.

¿Qué es lo que hace tan difícil para una hija liberarse de la sombra de la figura materna? El estrago surge de una espera decepcionada: la madre no ha dado a la hija la respuesta que ella se esperaba sobre lo que es realmente una mujer, no le ha proporcionado la clave para acceder al misterio de la feminidad. Por eso el estrago tiende a explotar en el momento de la pubertad, al convertirse la hija en mujer y descubrir la madre que la hija –que era la oportunidad de resucitar su propio narcisismo– ya no puede ser suya, no puede satisfacer su vida, porque en la hija nace la mujer que obliga a la madre a abandonar su presa. Se trata de dos desilusiones simétricas que tienen como común denominador la frustración de la demanda de amor.

La madre no sabe regalar a la hija esa «esencia» que la hija espera y que atañe al misterio del deseo y del goce femenino. Esa es la acusación que una joven paciente lanza tenazmente a su madre desde que se encontró en un cajón su ropa interior sexy y un viejo diario de adolescente en el que escribía acerca de sus numerosas relaciones sexuales con los chicos: «Me engañó, fingía ser una santa, dedicada por entero a la familia, me quitó la libertad ¡y en realidad no era más que una puta!»

La aparición de la mujer en la madre no resulta tolerable. Le ocurrió también a Simone de Beauvoir frente al sexo desnudo de la madre moribunda:

> Ver el sexo de mi madre me había producido un shock. Ningún cuerpo existía menos para mí, ni existía más. De niña lo había querido; de adolescente, me había inspirado inquieta repulsión; es clásico y me parecía normal que hubiera conservado ese doble carácter repugnante y sagrado: un tabú.[23]

En la historia de mi paciente, la madre obstaculiza efectivamente la libertad, y no solo sexual, de la hija haciéndola sentirse una especie de prisionera, un «pececito encerrado en un vaso». En uno de sus sueños, la paciente está en la cárcel y le pregunta a su madre cómo escapar de esa cárcel. La madre le explica que no se trata de una simple cárcel, ya que se encuentra en una isla rodeada de tiburones feroces, y que cualquier intento de fuga se revelaría vano. Así es en efecto como vive esa mujer la relación con su madre: sintiéndose incapaz de separarse de ella a pesar de detestarla con violencia. El engaño que no le perdona a su madre es el de haberle ocultado su deseo, su carencia, el de no haberle contado nada de lo que significa ser mujer, el de tenerla prisionera en la posición de hija, separada del resto del mundo, secuestrada en una isla que la boca-de-tiburón de la madre vigila.

El estrago de la relación madre-hija es la respuesta rabiosa que surge de la dificultad inherente al proceso de subjetivación del deseo femenino. Los rasgos de una iden-

---

23. S. de Beauvoir, *Una morte dolcissima,* Einaudi, Turín, 1966, p. 21 [trad. esp.: *Una muerte muy dulce,* trad. de Maria Elena Martín, Edhasa, Barcelona, 2006, pp. 24-25].

tificación fálico-masculina pueden localizarse fácilmente. La solución edípica que orienta el desarrollo psicosexual de los varones aparece más lineal que la de las mujeres.

Para el hombre, el padre como obstáculo en el camino del goce (incestuoso) se transforma, en el ocaso del complejo de Edipo, en una identificación idealizadora del propio padre, transmutado en la brújula que guía la vida del hijo más allá del horizonte cerrado de la familia. En este sentido, los varones siempre visten un «uniforme» identificador de matriz paterna. El acceso al intercambio erótico con el Otro sexo tiene lugar gracias a la asunción del estandarte viril que el padre transmite al hijo a cambio de su renuncia a la posesión de la madre. La apariencia exterior y la visibilidad de su sexo confirman esta evidencia. El objeto del amor sexual y el objeto de la identificación se muestran desde el principio distintos, separados, desunidos. La identificación con el uniforme fálico del padre faculta el acceso –por sustitución– al objeto del deseo; una mujer viene a ocupar el lugar de su madre.

Por lo tanto, mientras que la herencia paterna se articula a través de un proceso de identificación idealizadora del hijo con el padre, la materna parece detenerse ante la imposibilidad de transmitir lo que es una auténtica mujer. Si la solución edípica en el hombre desemboca en el fortalecimiento de la identificación con el padre y la sustitución metafórica de la madre con otra mujer, la mujer, en cambio, sigue siendo una de las encarnaciones más potentes, anárquicas, erráticas, sin uniforme, imposibles de gobernar y de medir, de la otredad del Otro. Su propio sexo no resulta visible, rehúye la representación, está oculto, se sustrae a la evidencia fálica. Por esta razón sostenía Freud que «el rechazo de la feminidad» no atañe solo a los hombres, sino que también se trasladaba a las mujeres. La inexistencia de una esencia universal de la mujer –la afirmaba con ímpetu Lacan: «No existe la Mujer, solo existen las mujeres»– encadena a la hija a la madre como lugar originario donde poder encontrar los rasgos necesarios para constituirse como mujer.

El problema es que esa identificación solo puede estructurarse en parte, precisamente porque la Mujer en sentido universal no existe, sino que cada una, una por una, debe encontrar su propia respuesta al enigma del deseo femenino. Es de esta desilusión fatal de donde puede surgir el odio reivindicativo y la acusación recriminatoria dirigidas hacia la madre, culpable de no haber hecho posible un acceso gratificante a la feminidad, acusación que, en no pocas ocasiones, puede proyectarse sobre el compañero. Unos vínculos desesperados con un hombre son muy a menudo para una mujer la repetición de la ambivalencia profunda que ha caracterizado la relación con la madre. Por esta razón sostenía sabiamente Freud que, mientras el primer matrimonio de una mujer tiende a heredar el estrago que conlleva el vínculo materno, el segundo puede permitirle con mayor facilidad salir de la sombra de la madre.

La dimensión devastadora de la relación madre-hija rechaza la ausencia de la madre mientras que la herencia de una hija siempre pasa por la carencia de la madre; para bien o para mal. El *ravage* puede ser definido como el fracaso femenino de la herencia: la hija exige de su madre la clave para acceder a la feminidad, pero la madre, *toda* madre, carece de esa clave, no puede transmitir lo que significa ser una mujer porque la Mujer no existe, mientras que la supervivencia fantasmática de la madre fálica custodia la ilusión de que la madre posea realmente esta respuesta.

La cuestión es que ni siquiera la propia madre sabe lo

que significa ser una mujer. La solución del enigma de la feminidad carece de modelos, es singular, antiuniversal, particularísima.

Violencia y resignación

Esto puede conllevar también el riesgo de que una mujer caiga en una dependencia de un hombre que le dé la impresión de poseer, de forma ilusoria, la verdad sobre ese enigma. Si su propio ser le rehúye, si carece de un uniforme identificador estable, el hombre puede ofrecer a la mujer una forma estable con la que identificarse. Esta es la atractiva posición que puede ejercer el fantasma masculino: convertirse en objeto de un hombre es una manera de rechazar inconscientemente su feminidad, de liberarse de la dificultad de dar una forma realmente singular al deseo femenino. Este es el caldo de cultivo de la violencia masculina: ofrecer a la mujer la ilusión de una referencia identificadora estable, segura, cierta, aun cuando ello pase a través del uso más brutal de la violencia y de la humillación. ¿No es precisamente esta dificultad la que entrega en ocasiones a una mujer a los brazos de quien en realidad la agravia? La mujer que rechaza inconscientemente su propia feminidad puede llegar a creer que solo se puede ser mujer entregándose pasivamente a un hombre, siguiendo acaso el ejemplo sacrificial de la propia madre.

Esta es la lección que puede extraerse de la última novela de Lucrezia Lerro, titulada *La confraternita delle puttane,* en la que la génesis de la adaptación pasiva de las mujeres al fantasma masculino se localiza precisamente en la versión sacrificial de la feminidad encarnada por la madre:

180

Mi madre resistía el aburrimiento que corría por nuestras vidas voceando, cocinando y devorando cada comida que preparaba en solitario, cada plato escogido para complacer a mi padre. Para no sufrir sus reproches, pues él detestaba a las mujeres que no sabían cocinar. Ella resistía, lo soportaba todo. A menudo me preguntaba cómo se las apañaba para aguantar aquello. Para pasar sus días, hechos de nada. Ni una conversación atractiva, ni una acción digna de ser llamada así. [...] Era realmente una mujer de espaldas al mundo: sin metas ni proyectos. Tenía un conocimiento perfecto de la apatía, era su víctima y de alguna manera quería contagiarme.[24]

También las hijas de estas madres son mujeres jóvenes que buscan afanosamente al hombre que represente para ellas una solución adecuada, son mujeres jóvenes que, al igual que sus madres, han renunciado a la libertad de su deseo para ceder a la prepotencia violenta del fantasma masculino, aceptando quedar reducidas a objetos de goce. La herencia se convierte aquí en una cadena que vincula a las hijas a doblegarse al fantasma masculino en virtud de su obediencia inconsciente al fantasma materno. La vida frustrada de las madres cae como una sombra tupida sobre las de sus hijas. La herencia no es más que herencia de muerte y no de vida: convertirse en una mujer al servicio del hombre parece ser la única forma de vida posible. Solo el acto extremo del suicidio de la joven protagonista de la novela hace posible interrumpir esa repetición inexorable.

Lo que nos demuestra Lucrezia Lerro es que la violencia puede acarrear una seducción silenciosa que en algunas

24. L. Lerro, *La confraternita delle puttane*, Mondadori, Milán, 2013, p. 120.

mujeres alimenta el fantasma masoquista: tener un amo les da la ilusión de dispensarlas de la difícil tarea de vivir la alteridad radical de la feminidad. Por esa misma razón, las mujeres pueden mirar siempre con gran interés a otras mujeres buscando en los rasgos de la Otra a la mujer, a la verdadera mujer, a la mujer que ni su madre ni ellas mismas han sido capaces de ser.

Sin embargo, es del todo evidente que se trata de un engaño atroz: ningún hombre sabe, como es obvio, lo que es una mujer. He aquí, pues, que se consuma el terrible malentendido: ella se entrega a las manos del hombre para ser una mujer, pero se ve reducida a mero cuerpo-cosa, cuerpo-instrumento, cuerpo reducido a objeto de goce. Es una lección perturbadora que encuentra amplia confirmación en la experiencia clínica: las mujeres se doblegan al fantasma masculino con la ilusión de que coincidir plenamente con este les permita esquivar la dificultad de subjetivar el misterio del deseo femenino.

La soledad de la madre

La herencia materna es la herencia de la memoria de la vida. Es la herencia del deseo de la vida. La herencia materna no es nunca equivalente a la paterna. La paterna concierne a la relación entre la Ley y el deseo, mientras que la materna atañe al sentimiento de la vida. En la primera, la donación va unida a la interdicción, mientras que en la segunda es donación que adopta el valor de la Ley. Es el regalo del deseo de la vida.

Pero la luz de este deseo, como hemos visto, no está exenta de sombras. Para muchas mujeres, la experiencia de la maternidad es la experiencia de una amenaza, de una

182

angustia difícilmente gobernable. En dos intensas películas dedicadas a la figura de la madre, *Un'ora sola ti vorrei* (2002) y *Tutto parla di te* (2012), Alina Marazzi insiste en mostrar cómo cada madre vive en la delgada frontera que separa la muerte de la vida. Ambas películas tienen como tema la herencia materna. La luz de la vida puede quedar recubierta por un densísimo negro. En las experiencias depresivas que siguen al parto, como ya hemos visto, es la oscuridad la que sobrepasa la luz de la vida. Una madre puede vivir la experiencia del niño como la de un objeto extraño, un peligro, y la de sí misma como alguien totalmente inadecuado para desempeñar su propia función. Este es el caso de una mujer psicótica que ha matado a su propio hijo en la convicción de que iba a ser secuestrado o asesinado por unos ladrones despiadados. Matarlo era para ella la única manera de protegerlo de su total imposibilidad de simbolizar el tránsito subjetivo a la maternidad. Demasiado frágil el niño, demasiado frágil la madre.

En *Un'ora sola ti vorrei* el foco principal es la historia de una madre —la verdadera madre de la directora— que cae en el abismo de la depresión sin poder volver a salir y de la difícil tarea de la hija de elaborar el duelo por esa muerte. En *Tutto parla di te,* por el contrario, se cruzan las historias de dos madres: Pauline, una mujer ya anciana (Charlotte Rampling), a la que también le tocó vivir como hija la historia de una madre aquejada de una depresión posparto y de su suicidio, y la de Emma, que después de un impacto traumático con su propio hijo consigue volver a encontrarse a sí misma y a apreciar toda la belleza de la maternidad.

En ambas películas, lo que se muestra en primer plano es la soledad de la madre. En *Un'ora sola ti vorrei,* la madre, hija de una rica familia burguesa, puede disfrutar de cuanto le haga falta, pero todos la dejan sola. Nadie sabe hablar con ella, nadie sabe dirigirle realmente la palabra. La decisión de ingresarla en una casa de reposo para enfermedades nerviosas es una clara señal de la condición resignada de ese abandono. También en *Tutto parla di te* las madres empujan sus cochecitos sin hombres significativos a su lado, sin familias que las acompañen en esta experiencia, en total soledad. Al igual que en *Mommy*, tampoco en este caso hay ningún Tercero, ningún «fuera». La madre y el niño forman una pareja o, para ser más precisos, están encerrados en un vínculo sin aire. No hay palabras, solo el llanto inconsolable del niño que resuena como una herida abierta que no puede cerrarse, como un auténtico objeto persecutorio. Para Emma su hijo no es la realización de su deseo, sino la interrupción forzosa de su deseo por la danza al que se siente obligada a renunciar. No hay euforia, no hay alegría; a diferencia de la madre-cocodrilo, que se convierte en prisión de sus propios hijos, Emma se siente prisionera de su hijo. Lo mira y no lo reconoce como hijo sino como un extraño al que le gustaría poder abandonar.

Al igual que Roland Barthes, también Alina Marazzi intenta preservar la memoria de su madre. La reconstruye a través de todas las huellas que le han quedado de ella: fotografías, vídeos amateur, cartas, historias clínicas. Pero a diferencia de Barthes, su operación no consiste en tratar de restablecer la singularidad de la presencia de su madre, sino en reconstruir su imagen, en hacerla revivir una vez al menos, aunque solo sea durante una hora, en reunificar todos los fragmentos del pasado que hablan de ella, porque para esta hija —que no llegó en realidad a conocer nunca a su madre— el encuentro con la madre fue un encuentro fallido. En este sentido, el esfuerzo poético de *Un'ora sola ti vorrei* coincide con un auténtico trabajo de duelo. Se trata de hacer posible una herencia materna a pesar de que la madre haya rechazado la vida. Y el cine en sí mismo se convierte en un espejo que puede devolver a la hija el rostro de la madre y, con él, el rostro del mundo.

Por el contrario, en *Tutto parla di te,* Emma puede recuperar a su hijo recubierto por la niebla de la depresión solo cuando —a través de la palabra de Pauline— consigue saber que no está sola al simbolizar lo que sucede entre ella y el hijo. Entre ellos tiene lugar la palabra de Pauline y es esta palabra lo que permite a la madre observar a su propio hijo con ojos diferentes. Entre ella y el hijo hace su aparición un elemento simbólico que amortigua la angustia. Puede mirar a su hijo sin perderse en la angustia; el hijo se le aparece por fin como una alteridad y no como un objeto inerte que pesa sobre su vida. Puede llevar a su hijo consigo sin estar totalmente identificada o totalmente desidentificada con él. Su maestro de danza le recuerda a Emma la historia de una bailarina sin brazos que cuando bailaba tenía el poder de volver imperceptible su defecto. Emma es también —como todos nosotros, si bien de diferentes maneras— una bailarina sin brazos. Debemos llevar esta inconsistencia con la misma dignidad y fuerza que esa bailarina. Esto es lo que Emma acaba entendiendo al final de la película: puede volver a bailar llevando consigo la idea del hijo no como una maldición, sino como sus brazos invisibles.

Un legado conseguido

En *Bailar en la oscuridad* (2000) de Lars von Trier, Selma (Björk), una joven madre checoslovaca inmigrante en los Estados Unidos y con una severa discapacidad en la

185

vista, destinada a convertirse en una ceguera definitiva, encarna radicalmente la dimensión del regalo materno. A diferencia de la madre de Turín, lo que está aquí en primer plano no son las manos, sino los ojos como posibilidad de mantener abierta la apertura del mundo. También el pequeño Gene padece la misma enfermedad de la madre. Lo que está en juego, como puede verse, es un desdoblamiento de la herencia: por un lado, la maldición arcaica de una enfermedad genética destinada a reproducirse sin dar posibilidad alguna de elección; por otro, el gesto de la madre que pretende salvar al hijo de esta maldición haciendo posible otra forma de transmisión capaz de salvar el deseo y la vida.

La ausencia de un hombre a su lado y de un padre para el pequeño Gene obliga a Selma a encarnar no solo el «interés particularizado» hacia su propio hijo, sino también la aplicación de la Ley. «¡Tienes que estudiar!», le repite ante sus fracasos escolares. «¡No andes con malas compañías!», le reprende ante el riesgo de que descuide sus deberes holgando inútilmente. Sin embargo, como cualquier padre sabe, esta dimensión necesaria y normativa de la Ley nunca agota la tarea educativa. Y es precisamente la función materna la encargada de señalar todos los límites de una aplicación meramente formal de la Ley. El amor hacia el hijo no es solo regalo de la presencia —como cuando le quita con dulzura al hijo dormido las gafas de gruesas lentes (¿por qué ese gesto me conmueve siempre? ¿Veo acaso en él una representación del amor como entrega a la castración del Otro?)–, sino que por encima de todo, como ocurre en cualquier verdadero amor, es regalo de lo que no se tiene.

Selma trabaja sometiéndose a turnos agotadores, a continuas horas extraordinarias, a trabajillos a destajo, a pesar

186

de su grave discapacidad que debe ocultar a sus responsables para no ser despedida, con la única finalidad de acumular la suma de dinero necesaria para permitir que el hijo se someta a una operación que lo salve de la amenaza de la ceguera. Mientras ella misma va perdiendo inexorablemente la vista, Selma trabaja para salvar la vista de su hijo, vive para salvar al hijo, para transmitir a su hijo la posibilidad de la luz. Mientras que la oscuridad va tragándosela, la operación quirúrgica puede salvar al hijo de la repetición del mismo destino, puede interrumpir la cadena maldita de la repetición, puede hacer posible otra herencia.

La «tara de familia» que une a Selma a una herencia tan arcaica como desconocida —en el curso de la película nunca sabremos nada de sus padres— puede ser interrumpida, puede dar lugar a un desvío inesperado, a un descarte, puede abrirse a otra forma de vida. La herencia de la sangre debe dejar paso a la herencia del deseo; el primer nacimiento del hijo debe hacer posible su segundo nacimiento; la Ley de las normas debe dejar paso a otra Ley. Esa que empuja a Selma a impedir que el destino ya escrito de su familia caiga como una sentencia inapelable sobre la cabeza de su hijo. Aboliéndose como mujer —rechaza el cortejo solícito de un hombre que le gusta—, Selma vive solo para interrumpir la repetición que la vincula a su hijo a través de la enfermedad. Con todo, no representa en absoluto la imagen sombría, propia del Superyó, de una madre sacrificial. Le gusta mucho cantar, adora los musicales de Hollywood, ama profundamente su vida.

El dramático punto de inflexión de la película llega cuando un vecino y amigo, Bill, policía de profesión —representante, por lo tanto, de la Ley normativa—, aprovechándose de su confianza y de su ceguera, le roba el dinero destinado a pagar la operación del hijo, impulsado por la necesidad de satisfacer las continuas y venales peticiones de su mujer. El contraste entre la mujer y la madre adquiere aquí un carácter trágico: por un lado, la familia sin hijos de Bill, dominada por los caprichos de una mujer histéricamente insatisfecha que vive de cosas superfluas; por otro, una madre que cultiva el sueño de devolver la luz a los ojos de su hijo. Pero esta oposición revela otra aún más profunda. La que hay entre las dos formas de herencia —la de la sangre y la del deseo— que, a su vez, se desdobla en la división entre las dos formas de la Ley: por un lado, la Ley universal-normativa que se sustrae a su cometido —encarnada en la figura del policía-ladrón—; por otro, la Ley no escrita del amor materno que se encarna en el deseo de Selma. Se trata de un vuelco (¿cristiano?) del sentido mismo de la Ley que pone en evidencia un cambio en la relación entre la oscuridad y la luz, la ceguera y la vista.

Después de descubrir que Bill le ha robado y mientras le exige resueltamente la devolución de su dinero, Selma, para defenderse de la agresión del policía, provoca su muerte. El principio normativo de la Ley, que se ve representado por la condena a morir en la horca impuesta por el tribunal después de un proceso que no ha sido capaz de reconstruir la verdad, se muestra evidentemente ciego, perdido en la oscuridad total. Todo lo contrario a la ceguera de Selma, que irradia una luz de la que su pasión por el canto y los musicales es el símbolo más vital. La madre ciega es la madre que salva la luz, mientras que la falsa luz de la Ley genera tan solo una oscuridad sin vida. Esta es la lección de Selma: existe otra ley frente a la Ley (ciega) del Código. Se trata de la Ley del amor como Ley que invita a regalar lo que no se tiene.

Para salvar el hijo, Selma impide que el dinero ahorrado se invierta en pagar a un nuevo abogado capaz de suspender la pena de muerte y volver a abrir su caso. Es la dimensión de martirio del testimonio: Selma elige morir –acabar en la oscuridad sin retorno de la muerte– para dar la luz a los ojos de su hijo.[25] Hubiera podido salvar su vida y la del hijo, pero esto habría significado para ambos vivir en la oscuridad. Es el amor por la belleza del mundo lo que impulsa a Selma a apagar su propia vida. Prefiere no hacer saber la verdad, ocultarla, renunciar a defenderse en los tribunales para restablecer la verdad de la justicia, para no poner en peligro el destino de su hijo, que no tiene la más mínima conciencia de lo que su madre le está regalando. Habría podido seguir la sugerencia de su nuevo abogado y explotar apropiadamente el tema del heroísmo sacrificial de la madre. Pero no es eso lo que está en juego: en juego está la posibilidad de otra herencia –la materna– frente a la herencia maligna y sin libertad de la madre naturaleza.

25. La dimensión de martirio del testimonio es fundamental en la más importante película de Eastwood sobre la herencia, *Gran Torino* (2006). Para un comentario más pormenorizado, véase M. Recalcati, *Cosa resta del padre?, op. cit.*, pp. 171-189.

EPÍLOGO

Ser justos con la madre

He escrito este libro porque quería ser justo con la madre.

Habría que tratar de serlo.

Habría que ser justo con las madres y reconocerles su papel, esencial e insustituible, en la adopción simbólica de la vida.

Habría que sustraer a la maternidad de toda representación naturalista: madre no es el nombre de quien genera, sino, por encima de la naturaleza, por encima del sexo y de la raza, es el nombre de ese Otro que ofrece sus manos a la vida que viene al mundo, que responde a su invocación, que la sustenta con su propio deseo.

No habría que reducir a la madre a un apetito de muerte, a un impulso por devorar su propio fruto, por convertirse en propietaria exclusiva e incestuosa de la vida que ha traído al mundo.

No habría que olvidar que el bestiario que acompaña indefectiblemente a su figura (el pulpo, el cocodrilo, la gallina, el vampiro) atañe únicamente a su lado oscuro, pa-

191

tológico, desmesurado, que no hace justicia alguna a su fuerza positiva, que va más allá, y con diferencia, del bestiario.

No habría que identificar a la madre con el virus de todas las enfermedades mentales.

No habría que olvidar la donación que precede a todo eventual acto devorador y que es guardián de la memoria más profunda de lo materno.

Habría que reconsiderar a la madre a partir de su memoria, de su herencia. El vínculo arcaico con la madre no solo es una ciénaga mortífera de la que debemos liberarnos, sino que es ante todo una donación que hace posible transmitir no solo y no ante todo la vida como tal, sino el *sentimiento de la vida,* los *deseos de vivir.* El psicoanálisis sabe perfectamente cuál es el impacto de esa herencia en el proceso de humanización de la vida: el alimento del que se nutre la vida es el deseo del Otro.

Tampoco habría que olvidar la espera de la madre y su rostro como espejo del mundo.

No habría que confundir a la madre con el pecho, ni confundir la satisfacción de las necesidades con el regalo del signo del amor, ni confundir sus cuidados con una protección sin oxígeno.

No habría que pensar solo en su omnipotencia oscura, sino también en sus carencias.

Habría que tratar de ser justos con la madre y reconocer en sus manos una hospitalidad sin posesión que la vida humana necesita.

Habría que localizar en su ofrenda del aliento la posibilidad de que la vida tenga un principio y de que pueda volver a empezar una y otra vez.

ÍNDICE ONOMÁSTICO

193

194

ÍNDICE